JN170646

学びと育ちを支える学校図書館

渡邊重夫——著

勉誠出版

はじめに

教育は心に希望を抱き未来を創造する営みです。ですから、その教育には、この社会を未来に引き継ぐという重要な役割が含まれており、教育なくして未来を描くことはできません。

戦後教育の所産としての教育基本法には、教育の目的の一つに「人格の完成」が掲げられています（前文）。「個人として尊重される」（憲法第十三条）子どもたちが、教育を通じて人格の完成を目指していく、そうした子どもたちが次代（未来）を担う主権者として育っていくのです。いずこの社会も、子どもたちの成長・発達に、次代への希望を託しているのです。

しかし、わが国においては、子どもも大人も自らの希望を抱くことができなかった痛苦な歴史を有しています。その痛苦な歴史の反省を下に一九四六年、日本国憲法が公布されました。そしてその憲法には、教育を受けることはすべての国民（特に子ども）の権利である（憲法第二六条）ことが規定されました。そうした確信に基づく教育の基本が示されて、今年で「七十年」が経ちました。

そして学校図書館もまた、同時期に次代を担う子どもを育てる教育環境として誕生しました。日本国憲法公布の二年後（一九四八年）に出された『学校図書館の手引』（文部省編）には、「学校図書館は、新しい教育の計画の中では、必要欠くべからざる重要な位置を占めている」と記されていました。そして、その五年後（一九五三年）に制定された学校図書館法（第一条）には、学校図書館は「学校教育において欠くことのできない基礎的な設備」と規定されました。先の『手引』の考えは、こうした文言により法的にも位置づけられることとなり、学校図書館は、子どもの「学び」と「育ち」を支援していくことを期待され出発したのです。

人類が生み出した「知」の遺産である知識や情報が集積された図書館（学校図書館）は、子どもの成長・発達を支援することを通し、この社会の未来の創造と深くかかわっています。その未来に、学校図書館が正面から向き合うには、過ぎし時代の歴史に学び、その上に立って、今日の学校図書館をめぐる諸状況を考察することが大切だと思います。本書は、こうした問題意識を基本に、四つのテーマに分けて拙論を述べたものです。

第一は、学校図書館は学校教育を支える教育環境ですが、その学校教育は社会の営みの一つとして、常にその時代の影響を受けて存在しています。それだけに、学校図書館を考える際にも、その時代がどんな時代なのかを敏感に感じ取ることが大切なことだと思います。歴史は同じようには繰り返さないけれど、形を変え、方法を変えて繰り返し現れることがあります。図書館は、知識や情報の社会的保障装置としての役割を有していますが、わが国の図書館は、その役割を果たせなかった歴史もまた有しています。「思想善導」機関としての図書館です。その「思想善導」は、国民に時代の「事実」から目をそらさせ、正しい情報の入手を阻むことになったのです。そして、図書館への規制は情報統制と連動し、その規制・統制は、世論操作の一翼を担い、権力維持の重要な装置にもなったのです。

しかし、そうした歴史は「過去の遺物」なのだろうかとも思います。日本における言論・表現の自由の現状を調査するために来日した国連特別報告者（デービッド・ケイ）は、「日本の報道の独立性は重大な脅威に直面している」と指摘しました（『朝日新聞』二〇一六年四月二十日）。また、国際NGO「国境なき記者団」（本部・パリ）は、「報道の自由度ランキング」（二〇一六年）を発表しましたが、その自由度はこの数年で急速に後退、「多くのメディアが自主規制し、独立性を欠いている」と指摘しています（『朝日新聞』二〇一六年四月二十日）。情報統制は、「過去の遺物」ではなく、「いつの時代」にも起こり得る可能性があるのではないだろうか。そして、そのことは、教育にも図書館にも何がしかの影響を与えてはいないだろうか。『図書館戦争』（有川浩）という作品を借りながら、今一度戦前の図書館がたどってきた歴史を下に、情報統制について考えてみたいと思います。それは、「情報の自由な流れ」によってしか存立し得ない図書館を改めて考えることでもあると思います（第一章）。

第二は、『図書館学の五法則』（ランガナタン）を下に、学校図書館のあり様を今一度考えてみました。この「五法則」を読み返してみると、学校図書館の今日的姿が影絵のように映し出されてきます。八十五年前（一九三一年）にランガナタンが分析した図書館の姿とあり様は、今日の図書館を考察する際の重要な視点を提起し、学校図書館の行く道をも示しているように思います。今回、この大部の著作を改めて読み直す機会を得ましたが、渡辺信一先生等によるこの名訳を、小生の「誤読」によってご迷惑をおかけしていないかが気になるところです（第二章）。

第三は、子どもは、学校図書館利用に際し「満足感」を抱いているのだろうか？　学校図書館担当者のいつも気にかかることです。満足度を上げるにはどのようなことに留意しなければならないのか、その視点は一義的ではありません。施設・設備のあり様も、図書館資料のあり様も、「人」（図書館担当者）のあり様もみな複合的に関連しています。

しかし、何よりも資料の存在は図書館存立の前提的条件なのだから、資料の面から図書館満足度を見つめ直すことが大切なことだと思います。特に学校図書館は「教育課程の展開への寄与」「児童生徒の健全な教養の育成」（学校図書館法第二条）を目的とした図書館なのだから、この二つの面における資料がどのようになっているのか、そうした点から学校図書館のあり様を考えることは大事なことだと思います。果たして、今日のわが国の学校図書館は、資料の点から子どもたちの「学び」と「育ち」を支援する条件を整えているのだろうか、そのことを考えてみました（第三章）。

第四は、『はだしのゲン』の提供制限問題（二〇一三年）が起きてから、改めて「学校図書館の自由」という問題が浮き彫りになりました。もちろんその前提には「図書館の自由に関する宣言」（一九七九年改訂、日本図書館協会）があります。しかし、「図書館の自由に関する宣言」は、そのままで学校図書館にも該当するのだろうか、その点については、必ずしも学校図書館界でも一致した見解があるようには思われません。「図書館の自由に関する宣言」と学校図書館との関連をどのように考えたら良いのか、その接点として「教育を受ける権利」論から導き出された「学習権」論に依拠しつつ、「学校図書館の自由」の問題を、資料の収集・提供を軸に考えてみました（第四章）。

本書の書名は、『学びと育ちを支える学校図書館』としました。子どもの「学び」と「育ち」を支援することは、学校図書館の根幹（目的）に位置していることです。そのためには、学校図書館は日々変革を続け、日々新たな学校図書館を「創る」くらいの思いが必要だと思います。その「創る」という意味には、「新しい物事・状態を生み出す」という意味が含まれています。第二章で論じたランガナタンの「図書館学の五法則」の第五法則は、「図書館は成長する有機体」です。成長することは、「新しい物事・状態を生み出す」ことですが、学校図書館が成長するためには、学校図書館自らが変わることが必要です。「変えるためには、変わること」が必要なのです。その姿勢が、学校図書館を「成長」させ、学校図書館を新しく「創る」ことにつながるのです。

日本国憲法は、「この憲法が日本国民に保障する基本的人権は、人類の多年にわたる自由獲得の努力の成果」であり、「過去幾多の試練に堪え」てきたと規定しています（第九十七条）。それだけに、この規定の趣旨には、「人権」につながる諸々の系譜には歴史があることを認識し、その歴史に学ぶべきとの意味が含まれているように思います。学校教育もそうした系譜の一部であり、学校図書館も同様です。歴史を深く見つめ直すことにより、どのような学校図書館を創るのか、その道筋も明らかになってくると思います。そうしたなかで、改めて学校図書館は、今日の学校教育において「欠くことのできない」（学校図書館法第一条）教育環境として位置づけられることの意味を問い返すことができると思います。それは、とりもなおさず、学校図書館は、子どもの「学び」と「育ち」を支える重要な教育環境であることを再確認することでもあるのです。

「思い」を文字にすることは、小生のような浅学非才なものにとっては「難事業」です。その難事業に際し、小生をいつも励ましつづけて下さった山崎響氏には心から感謝申し上げます。

また本書に何度か出てくる「図書館の自由に関する宣言」は、小生が図書館のことを研究する契機となった思い出深い文書です。それ以来、約三十年が経ちましたが、その間小生の研究を見守ってくれた妻に感謝をしたい。折しも今年は妻の七回忌に当たります。許されるなら、この拙書を亡き妻に捧げたいと思います。

最後になりましたが、本書は、勉誠出版から刊行されることとなりました。小生には同社からの刊行は三冊目となります。刊行に当たり同社の岡田林太郎社長、編集部の黒古麻己さんには大変お世話になりました。心からお礼を申し上げます。

二〇一六年五月九日（妻の七回忌）

渡邊　重夫

学びと育ちを支える学校図書館

目次

第二章　すべての子どもに学校図書館を
――「図書館学の五法則」に学ぶ――

第三章　資料を軸に学校図書館の「満足度」を考える
――変えることは、変わること――

第一章　人類の記憶を還元する図書館

――図書館規制、そして情報統制の歴史に学びつつ――

第一節　『図書館戦争』

一　「記憶を還元する」――図書館――

ぶらりと書店に立ち寄り本を手にする、本を片手に調べものをする、本を読んで泣いた、笑った、感動した。本は、私たちの生活に欠かせないものです。

その本とは何なのでしょう。『新明解国語辞典』（第六版）には、「書籍・図書の汎（ハン）称」と解説されています。「汎称」とは、「同じ種類に属する幾つかの物を一まとめにして言う名称」（『新明解国語辞典』）のことです。それで、その「本」を「図書」という汎称の一つに置き変えてみました。すると、とてもユニークでピッタリとした図書の定義があります。「図書とは人類の記憶を保存する一種の社会的メカニズムである」という定義です。アメリカの図書館学者ピアス・バトラー（一八八六―一九五三）が、『図書館学序説』のなかで述べている定義です[(1)]。図書の本質を極めて短い言葉で説明しているように思います。

人間の記憶は無限であるように思われながら、他方でその記憶を次から次へと忘却していきます。そして、一人の人間が記憶した知識や情報は、その個人の脳裏に永遠には残らないわけです。それは、生命体としての人間の宿命です。ですから悠久の昔からの人間の知的遺産は、何らかの物理的実態であるメディアに記録されることにより後世に伝えられてきました。その物理的実態の代表が図書（紙メディア）です。

紙メディアが登場するはるか以前には、情報は「粘土板」（clay tablet）に記録されました。紀元前三五〇〇〜一〇〇〇年頃、メソポタミア北部を占めるアッシリアにおいてです。その粘土板には、楔形文字で情報が記録されていました。粘土板は、楔形文字を介して、人類の「記憶」を保存したわけです。粘土板、甲骨、植物（竹・木）、羊皮紙、布、様々なメディアを介して人類の「記憶」は保存され、後世に伝えられてきました。その意味において、メディアは人類の歴史の証人です。その代表が図書というメディアです。図書は、普遍的で古典的なメディアです。

その図書を収集・保存し、求めに応じて利用者に提供している知識や情報の社会的保障装置が図書館です。その図書館についても、先の『図書館学序説』では、「図書館はこれを生きている個人の意識に還元するこれまた社会的な一種の装置といえる」と説明しています[(2)]。この定義も、極めて短い言葉で図書館の本質を説明しています。図書に記憶された知識や情報が、図書館を通して個人の意識に還元されるというのです。こうした記憶とその還元は、各人の豊かな人間形成を支援し、民主政治を維持、発展させるための不可欠の要素です。

その記憶メカニズムとしての図書は、紙とインクでできています。しかしその図書は、著者の形を変えた姿、著者（人間）の思い（思想、考え）の体現物です。そして、その人間の思いが、人間の歴史をつくり上げてきたのです。それゆえ権力者のなかには、ときには人間の思いが凝縮されたその図書を「やっかいなものだ」、「この世から消し去りたい」と思う人もいるわけです。それは、世に流通する情報を統制し、自己に都合の良い情報のみを流通させることと同じことです。

そのため、図書はしばしば、政治権力者から検閲され、禁書扱いされ、さらには焚書の対象となりました。「記憶」を消し去ろうとしたのです。そしてその図書を所蔵する図書館も弾圧の対象となりました。「還元」させまいとしたのです。こうした記憶と還元への権力の介入は、世界各地の歴史はもちろん、わが国の歴史にも見られることです。そしてそれは、図書というメディア規制を通した情報統制の常套的な手法なのです。

二 『図書館戦争』

そうした「記憶」と「還元」を軸に、メディア規制を取り上げた作品があります。『図書館戦争』という本です(3)。図書館への興味の有無にかかわらず、非常に多くの人に人気の作品で、「本の雑誌」が選ぶ「二〇〇六年上半期エンターテイメント」第一位に輝いたことも納得できる作品です(4)。単行本の刊行が二〇〇六年ですから、すでに今年（二〇一六年）で十年が過ぎましたが、その人気は今も健在です。私が住んでいる街の図書館（札幌市立図書館）でも「貸出中」という状態が続くこともしばしばです。ドラマの展開がスピーディで面白く、特に若い世代の人気を得ているようです。

その『図書館戦争』は、本が自由に読めなくなった架空の時代（日本）を舞台にドラマが展開されます。ドラマは、昭和最終年度、「公序良俗を乱し、人権を侵害する表現を取り締まる法律」として「メディア良化法」が成立、施行されたことが発端となっています。そしてこの法を根拠として、メディアを取締る権限を持つ「メディア良化委員会」（法務省に本拠）が発足し、その代執行組織として各都道府県に「良化特務機関」が設置され、その機関には不適切とされた表現物の取締りをする権限が与えられます。いわゆる「検閲」です。そして、この取締り（検閲）が妨害される際には、妨害者を武力で制圧するという世界を描いています。

こうした世界に対抗する組織として図書館が描かれています。その図書館は、良化特務機関による示威行動に抗して、全国の主要な公共図書館に警備隊を持ち（武装化）、最終的に図書館は全国十地域に図書防衛員の練成本拠地となる図書基地を持つにいたります。本作の舞台となるのは、このうちの関東図書隊です。

他方、そのメディア良化法の検閲権に抗する法律として「図書館の自由法」（通称）という法律が登場します。「図書館の自由」、この言葉は本書を通底する一つのキーワードです。この（架空の）法律は、「既存の図書館法」全三章に、第四章を付け加える形で成立しています。「既存の図書館法」とは、一九五〇年制定の「図書館法」をさすと考えられます。実際の図書館法は、全三章と附則から成り立っており、その全三章の条文は二十九カ条あります。そうしたことを意識したのだと思いますが、この法律に「付け加えられた」とする第四章は第三十条から始まり、次のようになっています。その第四章の標題は「図書館の自由」です。

第三十条　図書館は資料収集の自由を有する。

第三十一条　図書館は資料提供の自由を有する。
第三十二条　図書館は利用者の秘密を守る。
第三十三条　図書館はすべての不当な検閲に反対する。
第三十四条　図書館の自由が侵される時、我々は団結して、あくまで自由を守る。

この「第四章」は、「図書館の自由に関する宣言」をベースにしています。その「図書館の自由に関する宣言」とは、実際にある宣言です。(5) 一九五四年に日本図書館協会（総会）が採択した宣言で、その後一九七九年に改訂され現在に至っています。その宣言では、図書館の「もっとも重要な任務」を「基本的人権のひとつとして知る自由をもつ国民に、資料と施設を提供する」ことと位置付け、そのために、次のことが規定されています。

第一　図書館は資料収集の自由を有する。
第二　図書館は資料提供の自由を有する。
第三　図書館は利用者の秘密を守る。
第四　図書館はすべての検閲に反対する。
図書館の自由が侵されるとき、われわれは団結して、あくまで自由を守る。

『図書館戦争』に登場する「第四章」は、宣言の内容とほとんど同じです。異なっている箇所は、検閲に関する項目です。『図書館戦争』では、「不当な検閲に反対する」となっています。宣言も当初の宣言（一九五四年）では、「不当な」と表現されていましたが、改訂された現在の宣言では、その「不当な」の文言は削除されています。憲法第二十一条二項の「検閲は、これをしてはならない」という規定に合致させたためです。

三　「こんな世の中あり得ねえだろ」

『図書館戦争』では、「図書館の自由」を守るために、自らを武装化した図書隊と良化特務機関との長きにわたる「抗争」が描かれています。

そのメディア良化法が施行（「昭和最終年度」、一九八九年）されてから三十年を経た二〇一九年（正化三十一年、架空の元号）に、物語の主人公・笠原郁があこがれの図書隊に入隊します。郁は、その五年前（正化二十六年）の高校三年生のとき、ある書店で良化特務機関による「検閲行為」に遭遇します。自らが買おうとしていた本を取り上げられたのです。そのとき図書隊員が現われ、郁は、その図書隊員により窮地を救われ、本を取り戻してもらったのです。「正義の味方だ」。そのとき、自分もその人のように「理不尽な検閲から本を守る人になりたい」という夢を抱きます。物語は、その夢がかない、図書隊員となった笠原郁が、幾多の困難な事件と対峙しながら成長していく姿、そして青春らしい友情や一途な恋愛を軸に展開していきます。

『図書館戦争』は有川浩の作品で、二〇〇六年にメディアワークスから刊行されました。以後、同書は人気を博し、『図書館内乱』（二〇〇六年）、『図書館危機』（二〇〇七年）、『図書館革命』（二〇〇七年）を刊行、この四巻で「図書館戦争シリーズ」を構成しています。さらに、『別冊図書館戦争』（全二巻、二〇〇八年）も刊行され、これらの作品はいずれも現在、角川文庫（KADOKAWA刊）として出版されています。

もちろん『図書館戦争』は小説として書かれたものであり、物語は著者の創作物（フィクション）で架空の話です。特に、図書館をめぐる「武装化」は、とてもユニークな架空の話です。また良化特務機関は、国家機関（法務省管轄）の一部として、図書隊は地方自治体の機関の一つとして設定されており、国の機関と自治体の機関が「武装闘争」をすること自体も架空の話です。著者も述べているように、「かなり現実の図書館事情とは違えて」[6]（同書「あとがき」）書かれています。

でも著者は、単行本版（二〇〇六年）の「あとがき」に「こんな世の中になったらイヤだな！」と書いています。[7]本当に「イヤだな！」。国家にとって不都合な表現（情報）が検閲の対象となり、それに抗すると「武力制圧」される、そんな息が詰まるような世の中「イヤだな！」。

「イヤイヤ」、でもそんな世の中「あり得ない」と断言できないかも知れません。著者は、わずかその五年後に出版された文庫版（二〇一一年）の「あとがき」で、次のように書いています。[8]

この物語は「こんな世の中あり得ねえだろ」と笑っていただいて何ぼの本です。この設定を笑い飛ばせる世の中でこそ気楽に読んでいただける本です。

ところが、うっかり気を抜いていると恐い法案や条例が通過しそうになったり、なかなかに油断がならない世の中になりつつあるようです。（略）この本が世に出る頃、まだ「こんな世の中あり得ねえだろ」と笑い飛ばせる世の中であれば、その笑い飛ばせる尊さをちらりと思い出していただけると幸いです。

…この本を書いた頃はこの話題は「イヤだな！」で済んでいたのに世知辛いことです。

「笑い飛ばせる」世の中であって欲しい。でも、本当に「笑い飛ばせる」のだろうか。そうした思いをもって改めて同書を読んでみると、同書には、出版、検閲、秘密などとかかわり「合わせ鏡」のように、現代社会と照らし合わせ考えさせられる論点が多々含まれているように思います。それは当然にも、本書がテーマとする図書館にも波及的に関連していきます。図書館もこの社会に存在する一機関として、社会の諸事情の影響下にあり、社会から隔絶された「真空地帯」にあるわけではありません。それだけに、「合わせ鏡」は、図書館事情をも映し出すのです。

そこで本章では、こうした問題意識の下、『図書館戦争』が描く架空の社会を「鏡」にし、戦前の図書館の歴史をも振り返りつつ、現代の社会状況の一端を考えてみようと思います。そして、あらためて図書館は、国民（住民）の知識や情報の保障装置として、民主主義社会を支える基盤であることを論じたいと思います。

第二節　メディア規制と情報統制

一　情報統制に利用されるメディア

『図書館戦争』には、「メディア良化法」に基づく良化特務機関が登場します。その機関は、「あらゆるメディアの良化を目指し、公序良俗に反する書籍・映像作品・音楽作品などを任意で取り締まる権限」(9)を有し、メディアの取締りをするという設定になっています。メディアを介した情報統制（メディア規制）です。物語の設定は架空ですが、メディア規制は、権力者が常用してきた情報統制策の一つです。

情報統制とは、国家（特に行政権力）が、出版・報道、さらには集会、デモ行進などの表現活動を抑圧することであり、公権力を行使した国民の表現活動の抑圧政策です。その目的は一様ではありませんが、多くは行政権力が遂行しようとする一定の政治的、社会的秩序の形成や維持にとってふさわしくないと（行政権力が）判断した表現活動が対象となります。

表現活動の多くは、その活動（表現の外部流出）を介在する何らかの媒体とセットになっています。その媒体とは、情報の「運び手」となる何らかの物理的実態を指しています。Aから発信された情報がBへ伝達される、その発信・伝達の仲立ちをする媒体がメディアと呼ばれています。たとえば、雑誌や書籍、新聞、テレビ、ラジオなどはその代表です。時には、演劇、演説、歌唱などのような自己の身体をメディアとすることもあります。そして今日では、電子を利用した様々なメディアが登場しています。

ですから情報統制は、こうしたメディアに対する規制と不可分です。メディアに対する規制を通じて情報の流出を統制するのです。その意味において、(架空の)「メディア良化法」は、「メディア規制法」であり「情報統制法」なのです。そして、こうした手法によるメディア規制や情報統制は、わが国においてもしばしば見られた手法でした。

二　戦前における情報統制

明治期には、自由民権運動の高まりのなか言論活動が活発化しました。そうした運動の高まりを恐れた政府は、数々のメディア規制法を制定しました。その規制対象となったメディアの代表は新聞であり雑誌です。

明治期にも数多くの新聞が発行されていました。『明治ニュース事典』(毎日コミュニケーションズ刊)という本があります。明治期に発行された新聞から主要なニュースをほぼ原文のまま年月日順に掲載している本(参考図書)で、そこには、当時全国で発刊されていた数多くの新聞記事が載っています。その明治時代に、新聞や雑誌などを規制対象とした法規が数多く制定されました。新聞紙条例(一八七五年)、讒謗律(一八七五年)、出版法(一八九三年)、新聞紙法(一九〇九年)などは、そうしたメディア規制法の代表です。

「讒謗《ざんぼう》」とはあまり聞きなれない言葉ですが、「あしざまに言って人をそしること、誹謗」(『広辞苑』第六版）のことをいいます。他人を讒謗することは、慎まなければなりませんが、この法律は、国会開設などを求める自由民権運動の高まりのなか、同じ年に制定された新聞紙条例とともに、これらの運動の弾圧を目的に制定されました。当時の政治権力者への讒謗を取り締るために制定されたメディア規制法です。

新聞紙法も出版法も、讒謗律と同様のメディア規制法です。新聞紙法は、日刊新聞・定期刊行雑誌の取締まりを目的としており、出版法は出版物の取締りを目的として制定された法律で、いずれも政府による言論統制を推し進める根拠となった法律です。法律の名称は、その目的を必ずしも体現していない（真の目的を隠す）場合がありますが、この法律もその一例です。本当は「新聞紙取締（規制）法」「出版物取締（規制）法」という名称がふさわしいのです。

こうした情報統制法の最たる法規が治安維持法（一九二五年）です。同法は、「国体の変革」「私有財産制度の否認」を目的とした結社の組織や加入などに対して十年以下の懲役又は禁錮に処すことを規定しましたが（第一条）、その三年後（一九二八年）には「国体の変革」に関しては最高刑死刑となりました。この法律の制定により、新聞、雑誌などの出版物、そして結社は大きな統制、弾圧を受けました。そして治安維持法の適用による言論・情報統制は、軍国主義化のなかで、「自己増殖」的に拡大し、戦争反対者、自由主義者、宗教者などにまでその範囲を広げていきました。一九四五年十月に同法が廃止されるまでの間、同法による「逮捕者は国内で七万人、朝鮮で二万人以上」[10]に及びました。

三　情報統制法──その曖昧性──

情報統制法は、統制の対象となる事項が曖昧（包括的）であることに特徴があります。そのため、何が統制の対象となるかは、その統制法を執行する者（行政権力）の恣意に大きく委ねられる傾向にあります。「何で、こんなことが！」ということが、統制の対象になることがあるのです。何が「罪」になるのか、その判断が法により規定（法定）されるだけではなく、法を執行する側（人定、恣意性）にもあったのです。

北海道で、戦時体制下の一九四〇年十一月二十一日と翌四十一年一月十日の二度にわたり、子どもたちに日々の思いや生活をありのままに作文（綴方）に書かせる「綴方教育」を実践していた北海道各地の小学校教師等約六十人に対し、治安維持法違反の嫌疑で、大がかりな家宅捜査と検挙が行われ、この内十二人が起訴されるという事件が起きました。「北海道綴方教育連盟事件」です。治安維持法違反を理由とした北海道における最大の教育への弾圧事件です(11)。

この事件の弁護を担当したのは、戦後に初代の民選札幌市長になる高田富與（一八九二―一九七六）です。この事件で弾圧を受けた教員のなかには北海道師範学校（現北海道教育大学）卒業の教師がいましたが、高田もまた事件の二十数年前（一九一四年）に同師範学校を卒業しています。高田にとっては、自分の後輩が事件に巻き込まれたわけです。

その高田が自らの生涯を語った著書に『なぎさのあしあと』という本があります。そのなかで、この事件は「私の弁護士生活のうちで、最も力を注ぎ、最も苦心した案件」と記され、「奇怪と言

うも愚かなりと言わざるを得ない」「知性が曇らされた時代の所産と言い得る」事件であったと回顧しています。(12)

この事件も、法が執行者の恣意に委ねられ、「自己増殖」的にその対象が拡大していった事件です。『戦後北海道教育運動史論』(13)には、そうした拡大の事例がいくつか載っています。たとえば、出かせぎに行った父さんがやっと帰り、日にやけて、黒くなった様子を書いた六年生の詩が「貧困家庭及び筋肉労働場面の基底裏面諸相を掘下げて観察、鋭く批判、露骨に具象化表現したる児童詩」（公訴事実）と判断されたのです。また、自分の家では父が仕事に出るので母も早く起きなければならない、私も早く大きくなって働き、少しでも家の助けをしたいと、家の様子と親孝行の気持ちを綴った六年生女子の作文が、「児童に家庭の貧困を意識せしめ、将来プロレタリアとしての階級闘争の素地を養うための指導作品である」となったのです。法の「自己増殖」性です。このような統制法は、「いかようにも」適用されたのです。

情報統制を目的とした法は、先ずはメディアを利用し自己に都合の悪い情報の社会的流出を遮断しました。「讒謗」「反国体」「安寧秩序の紊乱」、理由は山ほど次々とつけられました。拡大解釈、包括性はそれを一層拡大させせました。

しかし情報統制法は、国民から情報を「遮断」するだけにはとどまりません。その次には、そのメディアを介して国民を「良化」（教化、善導）し、政治的、社会的秩序の形成や維持を図ろうとするのです。戦前の情報統制の歴史が、そのことを物語っています。国民の思想を統制し、国民を戦時体制に協力させるため国民精神を総動員したのです（「国民精神総動員運動」、一九三七年）。そして次第に、国民を「もの言わぬ、もの言えぬ」国民へと仕立てあげ、ついには戦争に協力する「皇国民」へと変質させていったのです。

「朝日新聞」は、昨年（二〇一五年十二月二日）「なぜ戦争協力の道へ」と題した特集を掲載しました。同記事によると、朝日新聞社史（一九九五年版）には、自社の歴史に「大きな汚点」があると記されているといいます[14]。「真実を報道し言論の自由を貫く伝統を守れなかった時期があった」というのです。先の戦争期のことです。そして、その原因の一つには「検閲など報道統制の存在がある。軍に不都合な情報を書けば発禁処分もなされた」と。またこうした転換を余儀なくされた原因には、「右翼団体からの暴力行使の懸念」、さらには朝日を標的にした「不買運動」が各地で起きたことも記されています。そうしたなか、「対暴力の方法なし」「不得已豹変《やむをえずひょうへん》」となったのだといいます。

その契機は、満州事変（一九三一年）に端を発しています。朝日新聞も、関東軍（中国の東北部・満州に配置した軍隊）による「自衛」を装った軍事行動（満州での鉄道爆破）を追認し、これを機に、軍批判を転換し軍部の問題行動を追認していきます。その結果、「陸軍説明うのみ　問題視せず」、そして敗戦直前まで国民に「一億特攻」を説くことになったというのです。そうなったとき、メディアは、もはや「報道」機関ではなく、権力者の「広報・宣伝」機関でしかありません。朝日新聞は、敗戦八日後「自らを罪するの弁」と題する社説を載せ、一転して「言論機関の責任は極めて重い」

と述べることになったといいます。

四　メディア規制は「過去の遺物？」

（一）「マスコミを懲らしめろ」

こうした歴史を振り返ると、『図書館戦争』の設定もあながち「架空」とも思えません。先ずはメディアを規制し、次にメディアを利用して国民を「良化」する、こうした考えは、残念ながら、今日のわが国においても「過去の遺物」ではないようです。昨今しばしば目にし耳にする「現代の傾向」なのです。

たとえば、昨年（二〇一五年）六月二十五日、政権党（自民党）に属する議員の勉強会で、審議中の安全保障法制をめぐり、報道機関を威圧する発言が出ました。「マスコミを懲らしめるには、広告料収入がなくなるのが一番。経団連に働きかけてほしい」「悪影響を与えている番組を発表し、そのスポンサーを列挙すればいい」「沖縄の特殊なメディア構造を作ったのは戦後保守の堕落だ。左翼勢力に完全に乗っ取られている。沖縄の世論のゆがみを正しい方向に持っていく」などの発言です（「朝日新聞」六月二十六日）。特定メディアの「不買運動」「ゆがんだ世論」の「是正」。メディアに対する露骨な規制発言です。やり玉に挙げられたメディアは、米軍基地を抱える沖縄の地方紙で、それも表現の自由、報道の自由が、重要な憲法的価値の一つとして認められている今日においてです。しかも、憲法の尊重擁護義務（憲法第九十九条）を負っている国会議員によるメディア威圧発言です。メディアの規制を通じて、沖縄県民（国民）を「良化」し、基地問題の「解決」（一定の政治的、社会的秩序の形成や維持）を図ろうとしたのです。

そして、この勉強会の名称は「文化芸術懇話会」です。文化芸術振興基本法（二〇〇一年）という法律があります。その前文には、「文化芸術は、（略）人々の心のつながりや相互に理解し尊重し合う土壌を提供し、多様性を受け入れることができる心豊かな社会を形成する」ものであり、「文化芸術の振興を図るためには、文化芸術活動を行う者の自主性を尊重することを旨」とすると規定されています。文化芸術は、「多様性を受け入れることができる心豊かな社会を形成」し、それは活動者の「自主性の尊重」が前提だとの規定です。それだけに、多様性や自主性を認めず、自己の価値観とは合わないメディアを「こらしめ」ようとする考えは、「文化芸術」とは相容れないのです。

そしてわが国においても、政治権力が国策遂行の一手段として「文化芸術」を利用してきた歴史を有しています。戦前においては、戦争協力を拒むと特高（特別高等警察）に逮捕されたり「非国民」呼ばわりされるなか、「文化芸術」を担った文学者、芸術家らは、ときには進んで、あるいは時流にまかせるまま不承不承でも、国策への協力を担わされたのです(15)。

特定秘密保護法が社会的に大きな問題となった際、その法案に反対する「映画人の会」が結成され「声明」を出しました。声明は、そのなかで「心ならずも戦争に対する翼賛を押し付けられた映画界の先達の反省に立ち、日本映画界は戦後の歩みを開始しました」（『朝日新聞』二〇一三年十二月四日）と述べています。「文化芸術」も国策に翻弄され、「単一」的価値の表現しかできなかった過去の苦悩を背負っているのです。それにもかかわらず、こうした歴史を認識しない発言が、公党の勉強会で出ることに驚きです。

当然こうしたメディア規制発言に対しては、新聞界から「深刻な問題である」として批判の声が上がりました。新聞各紙は、「言論統制の危険な風潮」「民主主義の基盤がむしばまれてしまう」（「毎日新聞」六月二十七日）、「異常な『言論封じ』」「無恥に驚き、発想の貧しさにあきれ、思い上がりに怒りを覚える」（「朝日新聞」六月二十七日）、「看過できない「報道規制」発言」「『一強』の勢力を持つ自民党の驕《おご》りの表れ」（「読売新聞」六月二十七日）、「開いた口がふさがらない」「言論には言論で対抗していくのが民主主義」（「日本経済新聞」六月二十八日）との社説を掲載しました。

そして、日本新聞協会も編集委員会名で「自民党勉強会での発言に対する日本新聞協会編集委員会声明」（六月二十九日）を出しました。次の声明です。

特に政権与党の所属議員でありながら、憲法二十一条で保障された表現の自由をないがしろにした発言は、報道の自由を否定しかねないもので到底看過できず、日本新聞協会編集委員会として強く抗議する。

わたしたちは、民主主義の根幹である表現の自由、報道の自由を弾圧するかのような動きに断固反対するとともに、多様な言論で「国民の知る権利」に応えていく。

（二）放送法第四条「政治的に公平」

「行政指導しても全く改善されず、公共の電波を使って繰り返される場合、それに対して何の対応もしないと約束するわけにはいかない」。今年（二〇一六年）二月八日の衆議院予算委員会での総務大臣の発言です（「朝日新聞」、二〇一六年二月九日）。放送事業者が政治的な公平性を欠く放送を繰返したと判断した場合、放送法第四条違反を理由に、電波法第七十六条に基づいて電波停止を命ずる可能性に言及したのです。

放送法は、放送番組の編集に当たり「政治的に公平であること」を含め四つの基本方針を定めています（第四条）。また電波法では、総務大臣は、放送法違反を理由に電波停止を命じることができる（第七十六条）旨を規定しています。

放送事業者（放送局）への「電波停止命令」、穏やかではありません。そもそも、放送法にはどのようなことが規定されているのでしょうか。先ず第一条は、放送の不偏不党、放送の自律性、そして放送による表現の自由の確保を掲げています。「放送の不偏不党、真実及び自律を保障することによつて、放送による表現の自由を確保すること」（同条二項）がその規定です。そして第二は、放送番組編集の自由も明文化しています。「放送番組は、法律に定める権限に基づく場合でなければ、何人からも干渉され、または規律されることがない」（第三条）との規定です。そして第三は、「政治的に公平であること」「報道は事実をまげないですること」を含む第四条の規定で、放送番組編集の際の基本方針として定められたものです。

すなわち、放送法の根幹には、放送の「自律性、表現の自由」、すなわち権力からの干渉の排除という精神があるのです。ですから、放送事業者に「公平」な番組編集を求めた同法第四条は、憲法学者やメディア法学者のあいだでは、放送事業者の「倫理規範」であるとの考えが支配的（通説）なのです[16]。

しかしそもそも、「政治的に公平」な判断を、総務大臣（行政権力）がすることが可能なのでしょうか。国語辞典（『広辞苑』第六版）によると、公平とは「かたよらず、えこひいきのないこと」と解されています。総務大臣は、衆議院予算委員会で「政治的な問題を扱う放送番組の編集にあたっては、不偏不党の立場から特定の政治的見解に偏ることなく番組全体としてバランスのとれたもの」とも答弁しています（「朝日新聞」〈焦点採録〉二〇一六年二月九日）。

「偏ることなく」「バランスのとれた」、すなわち「公平」な判断を総務大臣ができるとは、とても思えません。なぜなら、総務大臣自身が政党政治の下、一方（与党）の権力を構成する諸政治勢力（主として政党）の「意思」を基盤としています。もちろん大臣自身も、一人の政治家として「政治的見解」を有しています。ですから、総務大臣による「政治的公平」の判断自体に「政治的」意思が入り込むことは当然あり得るわけです。そうすると、その時の政府（政権）の政治的スタンスが変わると「公平」の判断もその都度変わる、これでは「公平」は行ったり来たりです。ですから「公平」は、放送事業者の「自律性」の確保によってのみ担保されるのです。

このことは、放送法がなぜ制定されたのかを顧みるとわかることです。戦前のわが国の放送は、権力の統制下におかれていました。特に太平洋戦争開始後は、戦況に関する情報は一元的に管理され、「大本営発表」としてＮＨＫ（当時は、社団法人日本放送協会）のラジオから放送されました。第一回の大本営発表は、対英米（太平洋戦争）開戦を告げるものでした。以来、放送は国民の熱狂的な戦争支持を醸成するプロパガンダの役割を担わされたのです。時の政治権力が、自己の政治的立場を宣伝する道具として放送を利用したのです。それは、「かたよった、えこひいきした」放送、「公平」を欠いた放送で、その放送が国民の目から「事実」を遠ざけ、国民を政治判断の埒外においたのです。その結果、権力は暴走し、あの不幸な戦争が引き起こされたのです。その結果に放送も「加担」した、そうした反省の下に放送法は制定されました。一九五〇年、戦後五年目です。

ですから、放送法にいう「不偏不党」（第一条）の原則は、何よりも政治権力の側に課せられた義務、すなわち放送の「公平」「事実」を担保するために、放送内容に介入してはならない政治権力側が負う義務としてあるのです。このことを放送事業者の側から見るなら、放送は特定の政治権力からの干渉を受けることなく（「不偏不党」）、放送事業者の自由な活動の下に行われることを意味しています。

「電波停止発言」、その発言をした大臣は「私の時にするとは思わない」（衆議院予算委員会、二〇一六年二月八日）とも述べています。しかし「電波停止発言」は、放送事業者だけではなく、マスメディア全体に大きな影響を与える可能性があります。それは「自主規制」（自主検閲）です。「政権に批判的な放送（報道）をしたらまずいのではないか」との空気が醸成されかねないからです。「電波停止発言」に対して、テレビで活動するジャーナリスト六人が、記者会見を開き「私たちは怒っている」と題する声明を発表しました。その声明の最後に、「自主規制、忖度、萎縮が放送現場の「内部から」拡がることになっては、危機は一層深刻である」との一節があります（「朝日新聞」二〇一六年三月一日）。

政権の顔色を伺いながら、忖度《そんたく》しながら、ときには過度の「同調圧力」に屈して放送（報道）内容を編集していく、そして「マスコミを懲らしめろ」と言われる前に「自主規制」していく、その結果として「電波停止命令」の発動はなくなる。「電波停止発言」が、そうした結果を「期待」しているのなら、その発言自体が「メディア規制」発言です。それだけに、メディアに対する規制を殊更に強調する発言は、「公平」に名を借りた「政治的」発言そのものなのです。

「権力は油断も隙もない」。電波停止発言に関する「池上彰の新聞ななめ読み」の見出しです（「朝日新聞」二〇一六年二月二十六日）。本文では、「放送法は、権力からの干渉を排し、放送局の自由な活動を保障したものであり、第4条は、その際の努力目標を示したものに過ぎないというのが学界の定説です。番組編集の基本方針を定めた第4条を、権力が放送局に対して命令する根拠として使う。まことに権力とは油断も隙もないものです」と説明されています。権力は、ほんの少しの「隙間」を見つけて介入しようとするわけです。「油断」ならないですね。しかし、その「介入」を監視し情報を提供する、それこそがメディアの本来の使命なのです。

メディア規制は、最初はメディアへの禁止（弾圧）から始まります。次に権力は巧みにメディアを懐柔（自主規制）し、そして最後はメディアは「自ら率先して」（権力監視機能を失う）、権力の「広報・宣伝」の役割を担っていきます。言論統制の数々の歴史が教えていることです。それだけに、メディア規制は「過去の遺物」ではなく、「いつの時代」にも起こり得ることを認識しておく必要があると思います。

五　表現の自由の優越性

放送法を支える憲法原理としての「表現の自由」を含む精神的自由権は、他の人権（経済的自由権）とは異なる「優越的地位」を有するものと理解されています。すなわち「表現の自由を中核とする精神的自由の規制は厳しい基準によって合憲性を審査するのに対して、経済的自由の規制は立法府の裁量を尊重して緩やかな基準で合憲性を審査する」[17]というのです。「二重の基準論」と呼ばれています。

その根拠は、「精神的自由、そのなかでも典型的な言論・表現の自由、思想の自由が不当に制約されると、民主政治のプロセス自体が傷つけられるので、裁判所が積極的に介入して民主政治のプロセス自体をもとどおりに回復させるために厳格な審査が必要である」[18]との理由です。

表現の自由が制約されると「民主政治のプロセス自体が傷つけられる」との根拠は意味深いと思います。本章でもこれまで指摘してきた戦前におけるメディア規制、情報統制は、民主政治のプロセスそのものを「傷つけ」たのです。「言いたいことが言えない」「政権に対する批判を抑圧される」、その結果、わが国は権力者のほしいままの政治が行なわれ、その結果として「政府の行為による戦争の惨禍」（憲法前文）に見舞われたのです。

国民の民主政治への参加を保障する（「民主政治のプロセス」を確保する）、そのためには何よりも表現の自由の保障が不可欠です。表現の自由の保障がなければ、国民の政治参加は「絵空事」になってしまいます。それゆえ表現の自由は、他の人権とは「異なった」地位を占めるのです。こうした考えは「表現の自由の優越性」とも言われています。

この「表現の自由の優越性」について、放送法をめぐる国会審議（衆議院予算委員会、二〇一六年二月十五日）で論議になったことがあります。(19)「電波停止発言」にかかわって、野党の議員が総理大臣に「表現の自由の優越性」に関する総理大臣の認識を問いました。「表現の自由の優越的地位って何ですか、総理」。

それに対し、総理大臣は、「これは、いわば法的に正確にお答えをすれば、経済的自由より精神的自由は優越するという意味において、この表現の自由が重視をされている、こういうことでございます」と答弁しました。その後「なぜ精神的自由は経済的自由に優越するのですか。優越的地位だということは何をもたらすのですか」との野党議員の再質問に、「いわば表現の自由が優越的であるということについては、これはまさに、経済的な自由よりも精神的な自由が優越をされるということであり、いわば表現の自由が優越をしているということでございます」と答弁し、つづいて「今この予算委員会で私にクイズのように聞くということ自体が意味がないじゃないですか」と反論しました。前者の答弁は意味不明で、後者の答弁は「表現の自由の優越は、表現の自由が優越しているということだ」と同義語反復をしたものです。そしてあらためて、野党の議員の「総理、もう一度お伺いします。（略）もう一度お答えください。どうぞ」との質問に対し、総理大臣は「内心の自由、これは、いわば思想、考え方の自由を我々は持っているわけでございます」と答弁しました。

放送法は、既述のように「表現の自由」を前提として成立しています。その放送法の論議のなかで、表現の自由の意義に関する質問（「優越性」に関する総理大臣の「認識」）を「クイズのよう」なものだと捉えた答弁にはビックリしました。質問者は、表現の自由の優越性は、「憲法の最初に習う、基本のキです」と発言し、優越性に関する質問（疑）は、終わりました。「基本の基」であるかはわかりませんが、「二重の基準論」「表現の自由の優越性」は、憲法学の教科書ではよく解説されている事項です。それだけに、放送法をめぐる論議のなかで、「電波停止」権限を有する側に立つ者が、「優越性」の意義を正しく理解していないことには驚きです。

憲法学・言論法を研究した奥平康弘は、この表現の自由の意義について、「他の基本的諸自由の確保に仕えるがゆえに特別な資格をもつ表現の自由とは、ただたんに「（個人が）いいたいことをいう自由」という個人主義的に理解されたものではありえないのであって、それは、政治的な、したがって民主主義的な性格づけを帯有しないわけにはゆかない」と述べ、「結局のところ」次のように論じています。[20]

表現の自由は確かに主観的・個人的な性質の顕著な権利である。それに疑いをさしはさむ余地はない。けれども、この権利は――少なくもある種の行使において――他の基本的な諸自由を確保し、よき民主主義的秩序を維持するという、客観的な制度的な目的に仕えるものでもあるという面も見逃すことはできない。表現の自由には、こうした道具的な価値も具わっている点で、他の基本的自由と性格を明らかに異にする。

表現の自由には、「道具的な価値」が具わっているというのです。ですから、その「道具」がなければ、他の人権の保障もできなくなるというのです。

新聞も放送も、国民にとっては情報入手の手段です。特に国政に関する情報の入手については不可欠的な手段です。その手段は（奥平の説明を借りれば）、表現の自由という「道具」の確保によって保障されるのです。権力が、表現の自由という「道具」に介入し、メディアを政権の使いやすい「道具」にすると、国民は情報入手の手段を失うことになるわけです。

しかし権力を有した者も、「表現の自由」の保障に寛容でなければなりません。それは自分自身にとっても「道具」は重要だからです。イギリス出身のアメリカの政治哲学者トマス・ペイン（一七三七―一八〇九）は、次のような言葉を残しています。

自分の自由を確保したいなら、敵対者が反対することすら守らなければならない。この義務に違反すれば、先例となって己の身に降りかかってくるであろう。

『図書館戦争』では、メディア「狩り」を任務とする良化特務機関が、メディア良化法に基づき「検閲」を行います。表現の自由という「道具」そのものの侵害を通して、メディア規制をします。その『図書館戦争』はドラマで、著者の創作物です。でもその著者は、あるインタビューで次のような発言をしています[21]。

私にとっては「図書館の自由」も大切だと思うけれども、同時に「表現の自由」を守る重要性も強く感じているんです。おそらく、そういうものが絡み合った結果、登場人物たちが妙に一生懸命だったり、前向きだったりするのでしょう。表現の自由については、現在はひっそりと危機が迫りつつある時代なのかもしれない、とも感じています。

「表現の自由については、現在はひっそりと危機が迫りつつある時代なのかもしれない」。発言は、『図書館戦争』刊行の翌年（二〇〇七年）、今（二〇一六年）から約十年前です。

六　自主規制

こうしたメディアを通した情報統制が、「いつの時代」にも起こり得る可能性がある以上、その統制は今日図書館にも及んでくることが考えられます。

『図書館戦争』の通底をなしている「図書館の自由に関する宣言」は、「図書館は、権力の介入または社会的圧力に左右されることなく、自らの責任にもとづき、（略）収集した資料と整備された施設を国民の利用に供するものである」と規定しています。

しかし今日、図書館に対するその「権力の介入」は、戦前のように直接的に図書館になされるわけではないでしょう。最も懸念されることは、図書館の「自主規制」です。図書館（員）が資料選択に際し、「自主検閲」を行うことです。「世の中がそうなっているのだから、しょうがない」。自主規制は、「しょうがない」から始まります。忖度、委縮です。そして最後は「それがいい」となります。その過程で、少数意見（資料）は排除され「単色」になるのです。その結果、図書館は「知る権利を保障する」という図書館の基本的任務を果たすことができなくなります。ですから「宣言」は、念を入れて「自主規制」について次のように規定しています。

個人・組織・団体からの圧力や干渉によって収集の自由を放棄したり、紛糾をおそれて自己規制したりはしない。

そして、こうした「個人・組織・団体からの圧力や干渉」は、「検閲と同様の結果をもたらす」と述べてもいます。しかし、こうした規定が遵守されるか否かは、国民の図書館に対する信頼度にかかっています。そして「宣言」が規定する「図書館の自由が侵されるとき、われわれは団結して、あくまでも自由を守る」にかかっています。同時に、この規定もまた、図書館に対する国民の支持に依拠しているのです。日常的な図書館の実践、国民（市民）の知る権利を保障する図書館サービス、そうしたことの積み重ねが問われてくるのです。

第三節　情報統制と戦前の図書館

一　「思想善導」機関としての図書館

『図書館戦争』は、「図書館の自由に関する宣言」を契機に描かれています[22]。この少々固い感じの「宣言」を取りこんで、一人の女性が幾多の困難な事件に遭遇しながら、人間として成長していく姿、そして青春らしい友情や一途な恋愛、そうしたことを軸にドラマは展開されていきます。

その「図書館の自由に関する宣言」には、戦前の情報統制とかかわった痛苦な反省が込められています。宣言副文に次のような一節があります。

わが国においては、図書館が国民の知る自由を保障するのではなく、国民に対する「思想善導」の機関として、国民の知る自由を妨げる役割さえ果たした歴史的事実があることを忘れてはならない。図書館は、この反省の上に、国民の知る自由を守り、ひろげていく責任を果たすことが必要である。

『図書館戦争』に登場する図書館は、検閲攻撃に抗して市民の知る権利を守るために「武装化」して良化特務機関と激突するわけですが、わが国の戦前の図書館は国民「思想善導」の機関として、国民の知る権利を侵害した歴史を有しているというのです。それだけに、宣言は、「図書館は、この反省の上に、国民の知る自由を守り、ひろげていく責任を果たすことが必要である」と、その決意を述べています。一体、「歴史的事実」として、戦前の図書館が国民「思想善導」の役割を果たしたとはどういうことなのでしょう。そこで次に、この点について述べたいと思います。

わが国における最初の図書館に関する単独法規は、勅令に基づく「図書館令」です（一八九九年公布）。勅令とは、明治憲法下で帝国議会の協賛を経ずに、天皇の大権により発せられた法規です。教育に関する立法は天皇の大権に属していたからです。しかしこの法規により、公共図書館設置の法的根拠が確立し、次第に国内の主要都市に公共図書館が誕生していきました。

この図書館令は、三度の改正を経て一九三三年に全面改正されました（改正図書館令）。しかし、この改正図書館令は、その時代の特色を色濃く反映したものでした。その改正の社会的背景について、『埼玉県立浦和図書館五十年誌』には、次のように記されています。[23]

昭和初年以来の社会不安と思想混乱の状況で、対外的には中国問題を軸とする軍閥の抬頭、国内的には社会主義思想の深化による左右思想の対立の激化と、昭和二年以降の経済恐慌の残した傷痕の深い時期であった。かような時期に対応して文部省は社会教育の推進を強く打出し、そのなかで良書を選定し奨励することにより思想善導を行なおうとして、図書館機能の組織化と明確化を図ったのである。

改正図書館令は、こうした時代背景を反映したものでした。若干その改正の主要点を述べたいと思います。

先ず第一条では、図書館の目的を「教養及び学術研究に資する」と規定したことです。最初の図書館令には「目的規定」がなかったので、この規定を加えたことは改正図書館令の大きな特色です。しかしこの時代、「教養及び学術」の内容はそれ自体が制約されつつありました。そうした事例を二つ紹介します。その第一は、「滝川事件（京大事件）」（一九三三年）です。京都帝国大学の刑法学者（滝川幸辰）の著書が発売禁止となり免官処分となった事件です。自由主義的刑法学説までが統制の対象となり、統制が学問の世界にまで広がった象徴的な事件でした。

その第二は、その二年後の「天皇機関説事件」（一九三五年）です。美濃部達吉の学説が「国体の本義に反する」として美濃部は貴族院議員を辞めることとなり、その著書（『憲法撮要』など）が発禁処分となった事件です。この事件も学問の世界（学説）に対する国家の介入であり、権力的手法による学説の断罪です。この事件に関し出された「第二次国体明徴声明」（一九三五年十月）では、天皇機関説は「芟除せざるべからず」とされました。芟除（さんじょ）とは「刈り除くこと。除き去ること」（『広辞苑』第六版）という意味です。その美濃部の学説は、当時文官高等試験（高級官僚の採用試験）でも通説として理解されていた学説ですが、天皇の政治的利用を考えていた当時の政治勢力（軍部・右翼）にとっては、天皇を国家の「機関」とする考えは、「芟除」の対象となったのです。

第二は、中央図書館制度を設け、その中央図書館に管内の地方図書館の「指導連絡」に当たらせようとしたことです（第十条）。しかし、その制度は「図書館のサービス活動を主としたものではなく、当時の国家主義的な世相を反映する、国家統制的中央集権制の色彩の濃いもの」でした[24]。後述する第二十七回全国図書館大会（一九三三年）の「答申」には、図書館の「国民教化」機能の充実を図るために、「図書館制度を完備し府県市町村に於ける図書館網を整えその実質を充実」するための「最善の途」を講ずることを政府に求めています。中央図書館を通して地方図書館への管理統制がされていったのです。

第三は、私立図書館設置の手続きを地方長官の開申制から認可制としたことです（附則）。しかしその意味は、「農民・労働者・市民の自立的、自主的な図書館設置の否定につうじ、図書館運動の活性化を殺いで官僚化傾向に拍車をかけ、全図書館を思想統制機関化するための緻密な布石に他ならない」ものと評されました[25]。

改正図書館令は、言論弾圧の対象が、共産主義・社会主義思想から自由主義的言論へと拡大する時期と同じ頃に出されました。図書館の充実を掲げる一方で、図書館を国民の思想統制、国民教化を推進する国策機関へと変質させていく役割を果たすことになったのです。

二　「国民教化」機関としての図書館

その図書館令が改正された一九三三年、全国図書館大会（第二十七回）である決議が可決されました。「非常時局ニ際シ図書館ニ於テ特ニ留意スヘキ事項如何」という文部大臣の諮問に対する答申（決議）です。

「非常時局」とは、穏やかな言葉ではありませんが、わが国ではその二年前（一九三一年）に、その後十五年に及ぶ日中戦争の発端となった満州事変が起きました。そして、その前年（一九三二年）には五・一五事件が起き、この年（一九三三年）満州事変に対する国際的な批判を受けるなかで国際連盟を脱退しました。こうした政治情勢のなかで、わが国の政治は大きな転換をすることとなります。決議はその頃に出されました。そして、その決議には、図書館人の「決意」が次のように記されています。(26)

国家非常の時局に当面し国民を挙げて自力更生に邁進し協力一致益々国運の発展を図らんとするの秋吾人職に図書館に関係する者は国民教化の重責を痛感して其の使命の達成に努力せんこ

とを期す

具体的には、思想問題、経済問題、国際問題などに関する図書の収集などに留意して、「館員一層奮励しその使命の達成に努めんことを要す」となっています。「国家非常の時局」に当たって、図書館員は「国民教化の重責」を果たすべく奮闘・努力する、図書館自らが国策への積極的協力を決議したのです。

実は、このような諮問はこれが最初ではありません。この十年前の一九二二年の全国図書館大会（第十七回）では、「図書館ヲシテ社会教化ノ中心タラシムルニ適切ナル方案如何」という諮問が[27]、またその二年後（一九二四年）の全国図書館大会（第十八回）でも、「国民思想善導ニ関シ図書館ノ採ルベキ最良方策如何」との諮問が[28]、それぞれ文部省から出されています。大正デモクラシーと言われた時代に、すでに図書館は、国家から「社会教化」、国民「思想善導」の役割を期待されていたのです。

そして、太平洋戦争に突入後の一九四三年に開催された第八十一帝国議会（衆議院・建設委員会）において、「図書館ノ戦時体制確立ニ関スル建議案」が可決されました[29]。その「建議案」の審議（提案理由）では、図書館に関する問題は「時局下極めて重大なる関係」を持つものであり（略）、「決戦態勢下に於ける図書館」は、「国策浸透の機関として、或は国民再教育の機関」として重要であることが力説されています。そして更に図書館は、「大東亜の指導者として、或は皇国民としての自覚と教養の機関として」の役割を期待されたのです。その「建議案」は、政府委員の追随的な答弁があり、最終的には「満場一致可決」されました。一九四三年三月一日です。その一年前（一九四二年四月）に、東条内閣は政府批判を厳しく取り締まり、政府推薦候補者を多数当選させる選挙（翼賛選挙）を行い、当選議員のほとんどを翼賛政治会に組織させました。帝国議会を政府支持の機関に変質させたのです。その翼賛選挙の一年後に提案されたこの決議案（「図書館ノ戦時体制確立ニ関スル建議案」）は、こうした議会により審議、可決されたのです。

三　国策遂行を担った社会教育、学校教育

図書館が「思想善導」「国民教化」機関になっていく、軍国主義が進行し、治安維持法が「威力」を発揮するなか、それは図書館だけではありません。教育それ自体が「国策遂行」「皇国民育成」の機関とされました。そのなかで、社会教育もそうした道を歩まざるを得なくなりました。太平洋戦争突入半年前（一九四一年）には、社会教育は「国民ヲシテ教育ニ関スル勅語ノ聖旨ヲ奉戴シ其ノ実際生活ニ即シテ皇国ノ道ヲ修メ臣道実践ノ修練ヲ行ハムルヲ以テ本旨トナス」（「社会教育ニ関スル件答申」教育審議会）ことを求められました。その同じ年（一九四一年）、学校教育においても小学校が「国民学校」となり、その目的は、「皇国ノ道ニ則リテ、（略）国民ノ基礎的錬成ヲ為ス」（国民学校令第一条）とされました。答申と国民学校令は「対」をなしていました。

国全体が、ありとあらゆるものが、町内会にいたるまで国策に協力を求められ、「思想善導」の

役割を担わされたのです。そのなかに図書館もあったのです。ときには不承不承で、ときには積極的に。

本章の冒頭で、ピアス・バトラーの『図書館学序説』において、「図書とは人類の記憶を保存する一種の社会的メカニズム」であり、「図書館はこれを生きている個人の意識に還元するこれまた社会的な一種の装置といえる」との説明を紹介しました。[30] しかし、わが国の戦前の図書館は、「人類の記憶」を「個人の意識に還元」することができなくなり、「国民の知る自由を妨げる役割を果たした」（宣言）のです。図書館が「国策」の下で、情報統制の一役を担うことを余儀なくされたのです。『図書館戦争』が描く図書館を通じた情報統制は、戦前の日本の姿でもあったのです。

戦前の図書館が、このような役割を担っていたことを知ることは、今日の図書館を理解することにつながり、同時にメディア規制、情報統制についての認識を新たにすることでもあると思います。

第四節　情報統制とプロパガンダ

一 「権力監視は、民主主義の基盤」

メディア規制が進行すると、社会に流通する情報は画一化され、それ以外の情報の流出は困難になります。国民は、政治・経済などの情報の多くは、メディアを通じて入手するわけですから、メディアへの規制が強まると、政府（権力）に不都合な情報の社会的流出が妨げられ、国民は情報の入手が困難になります。

アメリカ独立宣言を起草したトーマス・ジェファーソン（第三代大統領、一七四三―一八二六）が残した有名な言葉があります。「新聞なき政府か、政府なき新聞をとるかと問われたら、ためらわず後者を選ぶ」との言葉です。言論の自由の大切さを示した言葉として有名ですが、この言葉には、政府は「国民（メディア）からの監視を常に受けるもの」との考えが含まれているように思います。そしてさらに遡ること一世紀前に、イギリスの思想家・歴史家のジョン・アクト（一八三四―一九〇二）は、「権力は腐敗する。絶対的な権力は絶対的に腐敗する」という言葉を残しています。権力は「絶対的に腐敗する」、だから国民（メディア）の不断の監視が不可欠なのです。

わが国でも、戦後四年目（一九四九年）の第二回新聞週間標語（日本新聞協会主催）は「自由な新聞と独裁者は共存しない」[31]です。いや近年（二〇一三年）の新聞大会決議でも次のような決意が述べられています。[32]

民主主義を支える基盤としての権力監視、多様な意見の紹介、的確な論評と解説、日常生活に欠かせない情報の提供、公正な歴史の記録者――これらの公共的な役割を、わたしたち新聞人は品格と強い責任感をもって果たし、より平和で安定した社会の実現に寄与することを誓う。

「民主主義を支える基盤としての権力監視」、それは新聞人に課せられた「公共的な役割」であるとの認識は極めて重要なものです。そして今日、その「権力監視」を十分に果たしているかが問われています。権力（政府）の発表を検証せずにそのまま鵜呑みに報道していないか否か、権力者の言葉（発言）を追認したままになっていないか否か、そして結果として権力者の「宣伝・広報」の道具になっていないか否かが問われています。

そして、権力は「腐敗する」可能性を常に内包しています。ですから、その乱用、腐敗を防止するために、国民が制定した憲法により権力を制限し、国民の基本的人権を侵害しないようにすることが大切なのです。最近大きなテーマとなっている「立憲主義」の重要性です。

二　国民「良化」「教化」に利用された戦前の教育

（一）図書館に対する統制

こうした情報統制は、公権力による表現活動の制限に留まらず、それと見合うプロパガンダをともないます。プロパガンダとは、特定の考え（特に政治的意図）を押し付けるための宣伝です。たとえば、反戦的言論を統制する一方で、「聖戦」意識を駆り立てるための宣伝です。その宣伝によって国民意識を統一化（画一化）しようとするのです。情報統制とプロパガンダ、両者は表裏一体の関係にあります。

家永三郎著『太平洋戦争』（岩波書店、一九六八年）には、「戦争はどうして阻止できなかったか」とのタイトルの下で、「戦争に対する批判的否定的意識の形成抑止」として、二つの抑止政策が記されています。第一は「治安立法による表現の自由の抑圧」であり、第二は「公教育の権力統制による国民意識の画一化」です。[33] この指摘は、今日なお重要だと思います。

前者（第一）の抑圧の中心立法は、既述した治安維持法（一九二五年）です。既述のように、同法は当初は「国体の変革」「私有財産制度の否認」を目的とした結社の組織およびその加入に刑罰を課していました。しかし戦時色が強くなるなか、弾圧の目的は「反戦的言論を統制する」ことへと拡大し、自由主義者や民主主義者、宗教者などにまで弾圧の対象は広がっていきました。

『日本公共図書館の形成』（永末十四雄、一九八四年）には、改正図書館令公布に先立つ四カ月前の一九三三年二月に、長野県で六校二〇八人におよぶ〈赤化〉教員が検挙され、思想弾圧は「辺陬」の地域にまで及んだことが記されています。[34] いわゆる「二・四事件」です。「辺陬」（へんすう）とは、「かたいなか」という意味です（『広辞苑』第六版）。そんな「かたいなか」にまで、思想弾圧が及んだのです。そして、その数年後（一九四〇年）には、治安維持法違反を理由とした既述の「北海道綴方教育連盟事件」が起きています。この事件も、「赤化」を理由とした教員に対する弾圧事件です。

こうした弾圧は、当然に図書館にも及んできます。全国各地の図書館史を見ると、図書館蔵書への「取締り」の事例を数多く見ることができます。次に、その内の若干を紹介します。

①戦局の悪化とともに防諜・戦意昂揚等の名目の下に、蔵書に対する軍部や警察の取締りや干渉も厳しさが増していった。日本の地図が掲載されている図書は、百科事典を初め旅行案内に至るまで、防諜のためということで、特別取扱いを厳命された。

（『県立長野図書館五十年誌』県立長野図書館、一九八一年、四九頁）

②昭和十五年の夏頃になると、国家目的のための思想統制は警察特高係による発禁図書・左翼思想図書等の調査やリストの提出、図書の別置などの要求となって現われた。

（『神戸市立図書館六十年史』神戸市立図書館、一九七一年、八頁）

さらに『千代田図書館八十年史』(35)には、一九四〇年になると、「左翼思想」関係図書については、「一括厳封シ館長（主任）印押捺ノ上厳重ニ保管シ置クコト」とし、その対象として一五七冊の図書の一覧表が送付されたことが記されています。これらの図書は「おおざっぱにいって十五～六年前に検閲を通って出版された左翼関係の図書」だといいます。一九四〇年（昭和十五年）の十五～六年前ですから大正時代の末期です。その図書が、昭和十五年になり「ことごとく取締の対象」になったというのです。その大正時代の末期（一九二五年）に、治安維持法が成立しています。「国体の変革」「私有財産制度の否認」を刑罰の担保をもって取り締まろうとした法規は、図書館蔵書をも直撃することになったのです。

そして、児童図書も統制の対象になっていきます。早くも昭和初期（一九二九年）の『図書館雑誌』には、公共図書館においては、「児童図書選択上、将来最も注意を要することは、思想問題に関してなり」として、「国民精神に反せるもの、或は人生の暗黒面を暗示せるもの」などへの留意、指導が述べられていました。(36)

(二) 教育を通した「良化」政策

また後者(第二)の国民意識の画一化は、「聖戦意識の宣伝」とともに拡大され、その格好の対象に教育が当てられました。教育は、軍国主義のプロパガンダの道具とされたのです。

そのことを、終戦の翌年(一九四六年三月)に、文部省(当時)から出された一冊の教師用手引書(『新教育指針』)から見ていきます。『新教育指針』とは、終戦直後の混乱期のなか、「新しい日本の教育が、何を目あてとし、どのような点に重きをおき、それをどういう方法で実行すべきかについて、教育者の手びきとするためにつくった」書です。

その一節に、日本は「どうしてこのような状態になったのか」という分析があり、そのなかに、戦前の教育について述べた次のような記述があります。(37)

例えばこれまでの国史の教科書には、神が国土や山川草木を生んだとか、をろちの尾から剣が出たとか、神風が吹いて敵軍を滅ぼしたとかの神話や伝説が、あたかも歴史的事実であるかのように記されていたのに、生徒はそれを疑うことなく、その真相やその意味をきわめようともしなかった。このようにして教育せられた国民は、竹やりをもって近代兵器に立ち向かおうとしたり、門の柱にばくだんよけの護り札をはったり、神風による最後の勝利を信じたりしたのである。

あるいは、次のような一節もあります。(38)

天皇を現人神《あらひとがみ》として他の国々の元首よりもすぐれたものと信じ、日本民族は神の生んだ特別な民族と考え、日本の国土は神の生んだものであるから、決して滅びないと、ほこったのがこの国民的優越感である。そしてつひには「八紘為宇《はっこうゐう》」という美しい言葉のもとに、日本の支配を他の諸国民の上にも及ぼそうとしたのである。

そしてこの頃、「八紘一宇」(「八紘為宇」)ということばは、日本の海外進出を正当化する標語として町にあふれていました。

こうした『新教育指針』の指摘は、当時の国定教科書を見ると良くわかります。国定教科書は、発行(改訂)の時期によって五期に分けることができますが、そのなかでも、国定教科書が「威力」を発揮するのは、第四期(一九三三―四〇)、第五期の教科書(一九四一―四五)です。第四期の教科書は、満州事変の勃発(一九三一年)により、ファシズムの嵐が吹きすさぶなか、教育もまた超国家主義、軍国主義の時代に巻き込まれていきますが、そうした時期に出された教科書です。『小学国語読本』（巻二）には、多くの軍事教材、神話、古典教材などが掲載されています。そのため、この期の教科書は、「臣民の道を強化し、軍国における忠君愛国の精神の鼓吹を教育目的として」おり、「大正期のデモクラティックな要素を伸長させる役割を放棄して、かえって相反する超国家主義教育を強要し、侵略戦争への国民の精神的な準備をなす[39]」ものと評されました。

さらに第五期の教科書は、国民学校令が出され（一九四一年）、一層の決戦体制下の教育が求められたときに出されました。教育は、国民精神の作興と戦力増強の皇国民の育成に向けられたのです。従来の国語、修身、地理、歴史の四教科は統合して「国民科」となりましたが、その国民科のなかの国語教科書の内容は「国語教材の実に七六・四％が超国家主義の意図実現の教材として用意されている（略）。特に、五、六学年においては、約九五％の多きに達していることは驚くべきことである」と評されました[40]。

そして、その教科書を使用する教師用指導書[41]（『初等科国語七　教師用』）には、「国民科」の目的について、特に「国体の精華を明らかにし、国民精神を涵養し、皇国の使命を自覚せしめる」ことにあると解説されていました。その「国体」について、美濃部達吉の天皇機関説を批判した上杉慎吉の『憲法読本』には、国体は「国家存立の基礎たる組織」であり、「天壌と共に窮り無く」「国家の生命であって、国体変ずることあれば、国家もまた死滅する」と解説されています[42]。教師用指導書と憲法解釈とが一体となり「皇国民」は育成されていったのです。教育は、軍国主義の「プロパガンダ（政治宣伝）」の道具として利用されたのです。

そのプロパガンダは、図書館にも及んで行きます。先ず文部省は、早くも一九三〇年に「優良なる図書」を推薦する規定を出しました。「図書推薦規定」です。そこには「社会教育ニ裨益アリト認メラルル図書ニシテ特ニ優良ナルモノ」は、この規定により「推薦」するとされていました。また図書館自体も、「国民教化」に資するために、積極的に特定図書の収集をすることになりました。先に紹介した第二十七回全国図書館大会の「答申」（一九三三年）には、そうした図書の「収集」に務めることが明記されています。図書館を利用して「皇国民」を育成しようとしたのです。

また既述した第八十一帝国議会（衆議院、一九四三年）において可決された「図書館ノ戦時体制確立ニ関スル建議案」では、議案提出者は、次のように述べています[43]。

政府に於きましても速かに国家的に組織立った図書利用策を確立致しまして、国民必読図書群の如き優良図書の編刊に力を致すと共に、是が思想内容を全国民に浸透せしむる方途を講ずることが必要であります。そうして斯うした働きは図書館の如き機関を離れては、他の何物にも期待することが出来ないのでありまして、図書館の教育的機能を活用することが絶対に必要であると確信致して居ります。

そして、図書は「大多数の国民の再教育の教科書であり、国策浸透の武器[44]」であるとの認識が述べられています。その武器庫（図書館）に必要な「武器」（図書）を備えることにより、その「武器」を手段として国民教化をしようとしたのです。

情報の統制は、特定の情報の禁止だけではなく、特定の情報の意図的な流出を合わせ持っていることがわかります。情報統制とプロパガンダとは表裏一体の関係にあるのです。

第五節　情報統制と秘密、検閲

一「秘密」――情報統制の手段――

「情報統制とプロパガンダ」は、社会に流出する情報の一層の画一化をもたらします。そのことは同時に、社会に流出する情報の制御（情報の非公開）と同時的に進行します。

その情報制御の典型は、公権力（特に行政権力）による特定情報の「秘密指定」です。情報統制は、秘密のパラレルな拡大と機を一にしているのです。その意味において、『図書館戦争』が描いた「メディア良化法」は、国家にとり好ましくない図書を「狩り取る」ことを通して特定情報の社会的流出を阻む「秘密保護法」でもあります。

しかし『図書館戦争』は、直接的には秘密の問題を扱っていません。秘密の問題が、わが国において大きな政治的課題となるのは、同書の刊行七年後の二〇一三年です。いわゆる「特定秘密保護法」がそれです。(45)

一般的に、特定情報を「秘密」指定し、その保護を図ろうとする法では、当該する特定情報の入手、発表（外部流出）などを刑事罰の担保をもって禁止しています。たとえば、国家公務員法第一〇〇条一項は、「職員は、職務上知ることのできた秘密を漏らしてはならない。その職を退いた後といえども同様とする」と規定し、その違反に対しては、「一年以下の懲役又は五十万円以下の罰金に処する」（同法一〇九条十二号）としています。

その秘密の意義をどう解するかは一様ではありません。簡単な類型化をしても、（a）行政機関が秘密の必要性ありと指定した情報を秘密とする説（「指定秘説」）、（b）非公知の事実であって、実質的にもそれを秘密として保護するに値すると認められる情報を秘密とする説（「実質秘説」）があり、「実質秘説」が通説となっています。もちろん、指定秘説は行政機関の恣意により秘密の範囲は拡大するものであり、とうてい国民主権原理とは相容れません。しかし実質秘説も、その秘密性の「実質」をどのように認定するかによっては司法審査が及ばないことも想定されます。そうした場合、結果として指定秘説と差異がないこととなります。

こうしたことを考えると、秘密指定は、特定情報の国民への公開（開示）――情報の社会的流出――を限りなく遠ざけるものです。その意味において、秘密の問題と検閲の問題とは、特定情報の社会的流出を阻む点において表裏（不即不離）の関係にあります。ですから『図書館戦争』は、「メディア良化」という情報統制（検閲の実質化）の世界を素材にしつつ、「秘密」の問題をも描いているように思います。そこで次に、検閲と秘密の問題を、『図書館戦争』が描く世界を下に考えてみたいと思います。

二　検閲と秘密

検閲の禁止は、近代民主主義憲法の基本です。わが国の憲法も第二十一条一項で「集会、結社及び言論、出版その他一切の表現の自由は、これを保障する」と規定し、その一項を受け二項で「検閲は、これをしてはならない」と規定しています。

その検閲とは、「公権力が外に発表されるべき思想の内容をあらかじめ審査し、不適当と認めるときは、その発表を禁止する行為[46]」、あるいは「表現行為（略）に先立ち行政権がその内容を事前に審査し、不適当と認める場合にその表現行為を禁止することを意味」すると解されています。[47]すなわち、公権力（特に行政権）には、表現内容の事前審査をしたり、その審査結果として当該表現行為の発表を禁止することは、認められていないとの解釈です。[48]

『図書館戦争』に登場する「メディア良化法」では、「メディア良化法の公序良俗基準を満たさない媒体は流通するや狩られるのが実情となった[49]」との記述があります。その「狩られる」方法として、「小売店に対する入荷物の検閲、版元に対する流通差し止め命令、マスコミに対する放送禁止あるいは訂正命令、インターネットプロバイダーに対する削除命令[50]」などが列記されています。この記述からは、創作物は一旦は外部に発表されることになります。そして、その後発表された創作物が「狩られる」わけです。

その意味において、『図書館戦争』における「狩られる」方法（取締りの具体的方法）は、「事後抑制」のようで、形式的には「検閲の禁止」（「事前抑制」）規定には抵触しないことになりそうです。しかし『図書館戦争』では、それは「流通前の媒体《ばいたい》を取り締まらないことで基本的人権の一つである表現の自由の保護とバランスを取った」のであるが、それは「建前」に過ぎないと説明されています。[51]「事後抑制」は、事実上の「事前抑制」、すなわち実質的な検閲なのです。

しかも、出版社や取次、販売店など（流通側）で分け合う罰則や検閲による損害は、「流通側に防衛としての自己規制を課し、媒体は結果的に言語統制されているのと変わらなかった」[52]と論じています。「狩られる」「言語統制される」恐れのある情報流出を「自己規制」することへの誘因を想像することは難くありません。それは同時に、「実質的な検閲」と同様の効果をもたらします。

その「検閲の合法化」を可能とする「メディア良化法」について、同書は、次のように記しています。[53]

検閲に関する権限が曖昧《あいまい》で拡大解釈の余地が広く、検閲の基準が執行者の恣意《しい》で左右される可能性をほとんど意図的に含んだかのごとき内容であった。何しろ検閲基準に関しては細則や施行令で随時《ずいじ》補うことができ、その裁量権《さいりょうけん》は執行機関に委《ゆだ》ねられるという驚くべき無制約ぶりである。

検閲の曖昧性、恣意性についての指摘です。この部分を読んで、この指摘はその後全国的に大きな問題となる「特定秘密保護法」に向けられた指摘（批判）と極めて類似していることに、改めて驚きます。

第二次安倍内閣が成立を強行した「特定秘密保護法」に対しては、多くの国民、マスコミ、法曹界などから批判の声が上がりました。その声を新聞の社説から紹介します。

最初は、同法が閣議決定（二〇一三年十月二十五日）される前のある社説です。

秘密の範囲など法案の中身が明らかにされておらず、内容によっては国民の「知る権利」や報道機関による取材の自由を大幅に侵害しかねない。情報の国家統制につながることを強く危惧する。（略）

問題は、行政機関が指定する特別秘密があいまいで、範囲が歯止めなく広がりかねない点だ。恣意（しい）的な運用が許されると、原発事故や公害など国民に公開すべき情報でも政府や官僚の都合で秘密にでき、永遠に葬り去ることも可能になる。

（「京都新聞」二〇一三年八月二十一日）

次は、同法が成立（二〇一三年十二月六日）した直後のある社説です。

機密漏洩を防ぐ法制が必要なのは確かだ。しかしこの法律では行政が特定秘密を恣意的に指定できる。不都合な情報が隠され、秘密が際限なく広がりかねない。（略）

適正な秘密指定を担保する制度は、この法律の最も重要な課題である。それが法律に明文化もされず、野党側の反応を値踏みするように小出しにされる。このことが、法律の制度設計がいかに不備であったかを象徴している。（略）

成立したこの法律では、指定範囲の絞り込みや取材の自由の明確化など、重要な問題が置き去りにされたままである。政府は「国民の懸念や不安を払拭する」という。そう約束する以上、法改正も含めた徹底的な見直しが必要だ。

（「日本経済新聞」二〇一三年十二月七日）

そして最後は、同法成立後「今後とも、国民の皆さんの懸念を払拭すべく丁寧に説明をしていきたいと考えています」との安倍首相の記者会見（二〇一三年十二月九日）発言を受けた一ヵ月後のある社説です。

会期末に成立した特定秘密保護法をめぐり、私たちは秘密に指定する範囲の際限ない拡大や国による恣意（しい）的な運用、国民の「知る権利」を侵害する恐れを指摘してきた。（略）

法成立後の対応を見る限り、懸念払拭へ政府がどこまで本気で取り組もうとしているのか、疑問だ。

（「神戸新聞」二〇一四年一月二十六日）

秘密の指定が曖昧で、行政機関が恣意的に運用するのではないかとの懸念です。『図書館戦争』に出てくる先の「検閲」に対する懸念の部分を、「秘密」に置きかえると次のようになります。

> （「メディア良化法」は…引用者注）「秘密」に関する権限が曖昧《あいまい》で拡大解釈の余地が広く、「秘密」の基準が執行者の恣意《しい》で左右される可能性をほとんど意図的に含んだかのごとき内容であった。何しろ「秘密」基準に関しては細則や執行令で随時補うことができ、その裁量権《さいりょうけん》は執行機関に委《ゆだ》ねられるという驚くべき無制約ぶりである。

検閲と秘密とが、一体であることがわかります。秘密の恣意的拡大、運用は「実質的な検閲」につながり、検閲は秘密の外部流出を規制することにつながるのです。検閲と秘密はコインの表裏なのです。『図書館戦争』の刊行は既述のごとく二〇〇六年で、特定秘密保護法の成立は二〇一三年です。その近似性にビックリです。

その表現行為の「自由」を規定した憲法第二十一条一項の趣旨について、先の憲法の専門書の一つには、「情報の流通にかかわる国民の諸活動が公権力により妨げられないことを意味」すると解説され[54]、さらにその情報の流通とは、「情報収集――情報提供（伝播）――情報受領の全過程を包摂する」と解説されています[55]。

解説の通り、情報の伝播（発表）の前提は情報の収集です。しかし、情報が社会に流出され難い状況のなかでは、情報の収集それ自体も制約されることになります。ある種の情報が「秘密」として認定され社会に流出しなければ、情報の収集が制約され、ひいては表現行為それ自体が制約されることになるのです。検閲という違憲行為が許されないのはもちろんですが、秘密指定の拡大によって表現行為を規制していくことは、さらに大きな問題を有しているのです。

表現の自由への規制は、必然的に出版の質的偏在をもたらします。それは、当然にも図書館が収集する資料の質的偏在へと連動します。「多様な、対立する意見のある問題については、それぞれの観点に立つ資料を幅広く収集する」（「図書館の自由に関する宣言」）、そうしたことが困難になるのです。秘密指定は、図書館にも大きな影響を与えるのです。

そのため、日本図書館協会図書館の自由委員会も「特定秘密保護法案に関する声明」（二〇一三年十二月五日）を出しました。声明は、『図書館の自由に関する宣言』（一九七九年）、『ユネスコ公共図書館宣言』（一九九四年）、国際図書館連盟（ＩＦＬＡ）『透明性、適正な政治、政治腐敗からの自由に関する声明』（二〇〇八年）などを引用して、次のように述べています。[56]

利用者の求める資料・情報を収集・探索・提供する図書館サービスは表現の自由が保障されてこそ十全に行えるのであって、私たちは、本法案が表現の自由を制約・萎縮することを懸念します。さらに、本法案は特定秘密に指定された資料・情報の公表を禁じていることから、特定秘密とは知らずに収集・探索し、利用者に提供する図書館・専門情報機関のサービス自体が、現行の守秘義務を定める各種法令より重く処罰されることが懸念されます。それらの資料・情報を図書館に求め、受領した利用者にも処罰の危険が及びかねません。（略）本法案が慎重審議され、市民が必要とするあらゆる情報にアクセスできる環境が整備されることを心から期待します。

第六節　「図書館の自由に関する宣言」の成立について

一　「図書館の自由に関する宣言」の成立（一九五四年）

本章の最後に、著者・有川浩が、『図書館戦争』を執筆する契機となった「図書館の自由に関する宣言」の成立について若干記したいと思います。

その「図書館の自由に関する宣言」は、既述のように、戦前の図書館が、国民「思想善導」機関になったことへの反省を下に制定されました（一九五四年）。戦後数年にして、そうした反省を再び想起させるような風潮が起き始め、再び図書館が「思想善導」機関になりはしないかとの懸念が起きたのです。

具体的に論じたいと思います。戦後五年目、一九五〇年前後を境に、日本国憲法を基軸とした戦後日本の価値体系（平和、人権、主権）が大きく揺らぎ始めました。そうした変化をもたらした大きな要因は、米ソ対立を基軸とした国際政治の冷戦体制への転換です。その冷戦は、ヨーロッパ（ベルリン封鎖（一九四八年）など）のみならず、アジアにおいても、中国革命の成立（一九四九年）や朝鮮戦争の勃発（一九五〇年）を契機に拡大し、世界は第二次大戦後数年にして、またもや軍事的緊張下におかれることとなりました。

こうした国際政治の動向は、国内政治にも敏感に反映しました。アジアにおける「反共の防波堤」としての日本の役割が急浮上するなか、朝鮮戦争を契機に警察予備隊が誕生し（一九五〇年）、「レッド・パージ」[57]が強行されました。次いで一九五二年には、占領解除後の治安維持体制の法的措置としての破壊活動防止法（破防法）が制定されます。いわゆる「逆コース」といわれる政治潮流への急展開です。

こうしたなかで、思想、表現に対する抑圧が相次ぎ、国民の間にもそうしたことへの懸念が高まってきました。例えば、長い間平和運動に携わってきた今堀誠二（歴史学者）は、次のような述懐をしています[58]。

私は五十年の年、広島県下の夏季大学などで、十数回講演をおこなったが、（略）講演に先立ち、主催者側から、『どんな話をされても結構ですが、朝鮮戦争のことだけはふれてくれるなと、警察の方から固くいわれていますので』という注文を五・六回うけた。……私はましな方で、同じころ、日本文化平和協会という保守系の平和団体が、前文相安倍能成氏の講演会を企画したが、会の開催は禁止されてしまった。

こうした言論に対する抑圧は、図書館にも及んできました。埼玉県秩父市では、（破防法の反対運動をしていた）中島健蔵を囲む座談会にかかわって、警察官が同市図書館へ立ち入るという事件が起きました[59]。また、閲覧証に対する捜査機関の介入も、すでにこの頃より問題となっており、破防法との関連で、こうした介入への懸念が語られていました[60]。さらには、『朝日新聞』には、雑誌（『平和』）の予約購読をしようとしたら、書店主より「その本なら止めといた方がよいですよ。一昨日も国警の警官が来て、平和、世界、新世界、ソヴエトグラフ等の予約者の名前を調査して行つたばかりだから」と言われたとの投書（岩手県の農業従事者）が載っていました（『朝日新聞』一九五二年十二月二十五日）。

こうした当時の政治風潮について、「図書館の自由に関する宣言」の成立にかかわった草野正名（図書館学）は、図書館と関連して、後日次のように述べています[61]。

全国的に公共図書館の間では取締当局等による閲覧票の調査、ホールの使用団体の調査などの申し入れが多発する傾向で、（略）当時の変調な社会的風潮に押されて、もし公共図書館側が取締当局による閲覧票の調査に安易に応じたり、地方教育行政機関による購入図書の干渉に盲従したりすることなどが日常化し、それが全国的に多発することになれば、公共図書館利用者の読書の自由のみならず、公共図書館活動自体にとって主体性、中立性の根本が侵害されるのではないかという危惧も生まれつつあった。

こうしたなか、日本図書館協会は終戦七年目（一九五二年）の八月十五日を期して、「図書館の中立について」の提案を行いました。この提案は、早速同協会の機関誌『図書館雑誌』を舞台に始まり、「図書館の抵抗線」との標題の下、社会に生起する様々な政治的対立に関して図書館の取るべき立場を論じた二十編余の論文が掲載されました。

また当時（一九五二年）、埼玉県では、「取締当局による集会室の使用団体調査の申し入れ問題」が起き、「取締当局等による集会室使用調査などの申し入れは、将来への公共図書館活動の順調な発展を阻害する恐れがあるとの認識で一致」し、「日本図書館憲章（仮称）」制定の機運が盛り上がりました。[62] そうした機運について、『埼玉県立浦和図書館五十年誌』には、次のように記されています。[63]

独立後に訪れた反動化と過度な自己規制に対して本館が敢然と立ち上ったことは、当時の世論の動向もあったであろうが、戦時下および戦後をけみした一図書館人のノーマルな文化感覚が働いたためである。

そうした「憲章」制定の動向は、地元の「埼玉新聞」（一九五三年九月六日）も報じました。「「図書館憲章」の制定進む」「読書の自由を擁護」「狙いは人権宣言の実践」などが見出しに出ています[64]。

こうした動きを背景に、国民の「知る自由」を保障する社会機関としての図書館の役割を明らかにすべく、一九五四年に開かれた全国図書館大会で、「図書館の自由に関する宣言」が採択されたのです[65]。

二　歴史に学び、未来を創る

「宣言」（一九五四年）は、「逆コース」といわれた時代に、その時代の危険な風潮を感じた図書館人により起草、制定されました。このことは、今日図書館にかかわる人だけではなく、多くの人たちの心に留めて欲しいことだと思います。図書館も「またあの時代（戦前）のようになるのではないか」との危機感を抱いたのです。

「歴史は繰り返す」、古代ローマの歴史家クルティウス・ルーフスの言葉だと言われています（『大辞林』第三版）。「過去に起こったことは、同じような経過をたどって何度でも起こるものである」という意味だそうです。

しかし歴史を「繰り返さない」のも人間の知恵です。特に、過ちの歴史を繰り返さないことは、とても大切なことです。そのためには、何よりも歴史に学ぶことです。歴史は、過去を映すと同時に現在をも鮮やかに映し出しています。そして、その歴史は、同じ現象では繰り返さないけれど、類似の姿をもって現れることがあります。その類似がどのようなものなのかを知るにも歴史に学ぶことが大切なのです。

憲法学者・佐藤幸治（京都大学名誉教授）が、昨年（二〇一五年）出版した著書（『立憲主義について 成立過程と現代』）の「はじめに」で、「今の筆者がいえることはただ次のことである」として、次のように述べています。[66]

> 国家・国民が、個別的現象に対する情動的反応から徒《いたずら》に「力」や「支配」を求めて狂奔することなく、広い長期的な視野に立って地道に課題に取り組んでいく必要がある。その際求められるのは、多様な人間の共生を可能とする基礎的条件である「寛容」と「知恵の交換」である。われわれは、立憲主義を侮辱し、「力」への信仰に走った国々によってあの第二次世界大戦という未曾有の悲劇が引き起されたことを決して忘れてはならない。

さらに最後に、「執筆を終えて」のなかで、次のように述べています。[67]

> 本書に何らかの意味があるとすれば、日本国憲法九七条に述べられていることを具体的に再確認し、試錬と悲劇に充ちた現実世界にあってなお絶えることなき人間の知性（理性）の営みに「希望」を見出すことにあるのではないかと思う。

そして、日本国憲法九十七条が引用されています。その九十七条は、次のような内容です。

この憲法が日本国民に保障する基本的人権は、人類の多年にわたる自由獲得の努力の成果であって、これらの権利は、過去幾多の試錬に堪え、現在及び将来の国民に対し、侵すことのできない永久の権利として信託されたものである

立憲主義とは、憲法によって権力者の恣意的な権力を制限することです。その憲法には、権力濫用の防止装置としての統治の仕組みが明確化され、基本的人権の保障が規定されているのです。「立憲主義を侮辱し、「力」への信仰に走った」、その結果として「未曾有の悲劇が引き起こされた」、そうした歴史のあったことを忘れてはならない、とても心に染み入る指摘です。そして、そうした「国々」のなかに、わが国も入っていたのです。

わが国においても、立憲主義への「侮辱」は、議会政治（政党政治）を破壊し、人権抑圧と同時的に進行しました。人類が長い歴史をかけて確立してきた英知としての立憲主義を「侮辱」するなかで、権力の暴走が始まったのです。

その侮辱は、「表現の自由」という「民主政治のプロセス」と不可分の「道具」を抑圧することにより一層進んでいきました。本章が取り扱ったメディア規制、情報統制は、立憲主義を「侮辱」

する格好の手段とされたのです。そして、その統制は、図書館にも及び国民の情報入手を阻んできました。「立憲主義の侮辱」と戦前の図書館の歩んだ道（「思想善導」）とは同時進行だったように思います。図書館を学ぶときに、そうした歴史を忘れてはならないと思います。歴史に学び歴史を鏡とすることが大切なのです。

そうしたことを胸に刻むなら、知る権利を含む基本的人権が「過去幾多の試錬に堪え」今日の私たちに保障されていることがわかります。「知る権利」の保障装置としての図書館もまた「過去幾多の試錬に堪え」てきたのです。ですから、その保障装置は、今後も「幾多の試錬に堪え」ることになるのです。それだけに、歴史に学びつつ「歴史を創る」くらいの気構えが必要です。その気構えを心に刻むためには、「希望」という二文字が必要なのです。希望は未来を切り拓いていくのです。希望が新たな歴史を創っていくのです。

注

（1）ピアス・バトラー著、藤野幸雄訳『図書館学序説』（日本図書館協会、一九七八年）一三頁。
（2）同書、二三頁。本章の章題である「人類の記憶を還元する図書館」は、同書からの引用である。
（3）有川浩『図書館戦争』（メディアワークス、二〇〇六年）。
（4）「二〇〇六年上半期ベスト1　エンターテインメント・ベスト10」（『本の雑誌』二〇〇六年八月号、本の雑誌社、二〇〇六年）一四―一五頁。

（5）「図書館の自由に関する宣言」の全文は、日本図書館協会のホームページに掲載されている。
（6）前掲『図書館戦争』三四四頁。
（7）同書、三四四頁。
（8）有川浩（文庫版）『図書館戦争』（KADOKAWA、二〇一一年）三七〇頁。
（9）前掲『図書館戦争』一八頁。
（10）『総合百科事典　ポプラディア』新訂版　第七巻（ポプラ社、二〇一一年）九頁。
（11）北海道出身の作家三浦綾子（一九二二―一九九九）は、この「北海道綴方教育連盟事件」を題材に、長編小説『銃口』を発表している。戦争の道具としての「銃口」が、国家権力によって、敵国だけではなく自国の人々にも向けられていた歴史を描いている。同書は、一九九四年に小学館から出版されている。
（12）高田富與『なぎさのあしあと』（柏葉書院、一九七〇年）一四七―一五六頁。
（13）鈴木朝英、小田切正監修『戦後北海道教育運動史論』（あゆみ出版、一九八七年）三七―三八頁。
（14）この朝日新聞の記事の元となった『朝日新聞社史（全四巻）』は、一九九五年に、朝日新聞社百年史編修委員会編で朝日新聞社より刊行されている。
（15）文豪・谷崎潤一郎は、代表作『細雪』を一九四三年（昭和一八年）に、「中央公論」誌に掲載を始めたが、途中で掲載されるはずの所がゲラ刷になったまま遂に日の目を見るに至らなかったという。その事情について「『細雪』回顧」で、次のように記している。その理由は、「陸軍省報道部将校の忌諱《きき》に触れたためであって、「時局にそはぬ」というのが、その理由であった。当時すでに太平洋の戦局は我に不利なる徴候を見せ、軍当局はその焦慮を露骨に国内の統制に向けはじめていたことであるから、全く予期されぬことではなかったが、折角意気込んではじめた仕事の発表の見込みが立たなくなったことは打撃であった。いや、ことは単に発表の見込みが立たなくなったと云うにつきるものではない。文筆家の自由な創作活動が或る権威によって強制的に封ぜられ、これに対して一言半句の抗議が出来ないばかりか、これを是認はしないまでも、深くあやしみもしないと云う一般の風潮が強く私を圧迫した」(『谷崎潤一郎全集』第二十巻（中央公論新社、二〇一五年）五八五頁)。なお「「細雪」回顧」は、一九四八年に「作品」秋冬号（第二号）に、「「細雪」その他」として発表されている（前掲『谷崎潤一郎全集』第二十巻)。言論統制を「深くあやしみもしないと云う一般の風潮」という文言に、当時の状況を知る思いである。

(16)「日本では、番組準則を定めた規定は、一般に倫理的な意味をもつにとどまると解釈運用され」る（芦部信喜『憲法』第六版（岩波書店、二〇一五年）一八八頁)。法学や政治学などの専門家でつくる「立憲デモクラシーの会」が、「電波停止発言」に対して見解（「放送規制問題に関する見解」）を出した（二〇一六年三月二日）(http://constitutionaldemocracyjapan.tumblr.com/)（参照二〇一六年三月十日)。そのなかで、「テレビ局を含む放送事業者にも、憲法二十一条の規定する表現の自由は保障される。表現活動への規制が全く許されないわけではないが、表現の自由が民主的政治過程の不可欠の要素であること等から、表現活動の規制は慎重になされるべきであるし、とりわけ表現の内容に基づく規制は、原則として認められないと考えられている」「漠然とした放送法四条の文言のみを根拠として、政党政治からの独立性が担保されていない主務大臣が放送事業者に対して処分を行なえば、適用上違憲との判断は免れがたいであろう」と述べている。また元最高裁判事（宮川光治）は、「朝日新聞」の「放送・報道における公平性」をテーマとした定例会（報道と人権委員会）で、放送法の立法の背景を説明した後「この経緯からも、第四条一項が行政介入の根拠になる法規範とする解釈はあり得ない。仮にこれを法規範と見ると、表現内容を規制する条項であり、憲法第二十一条の表現の自由に即、抵触するということになる」と論じている（「朝日新聞」二〇一六年二月十二日)。

（17）野中俊彦他『憲法Ⅰ』（有斐閣、一九九二年）二四五頁。
（18）同書、二四五頁。
（19）衆議院予算委員会会議録（二〇一六年二月十五日）（http://www.shugiin.go.jp/internet/itdb_kaigiroku.nsf/html/kaigiroku/001819020160215012.htm）（参照二〇一六年三月十日）。
（20）奥平康弘『なぜ「表現の自由」か』（東京大学出版会、一九八八年）五八―五九頁。
（21）「「自由宣言」は勇ましい！」『ず・ぼん⑬』（図書館とメディアの本）（ポット出版、二〇〇七年）一五六頁。
（22）著者が、本作品を執筆することになった契機は、「近所の図書館に掲げてあった「図書館の自由に関する宣言」のプレートです」と、前掲『図書館戦争』の「あとがき」に記している（三四四頁）。
（23）『埼玉県立浦和図書館五〇年誌』（埼玉県立浦和図書館、一九七二年）二五―二六頁。
（24）草野正名『図書館の歴史――日本および西洋の図書と図書館史――』（学芸図書、一九六六年）一九〇頁。
（25）永末十四雄『日本公共図書館の形成』（日本図書館協会、一九八四年）二八四頁。
（26）『図書館雑誌』第一六四号（日本図書館協会、一九三三年）二〇七―二〇八頁。
（27）『図書館雑誌』第五〇号（日本図書館協会、一九二二年）六〇―六一頁。
（28）『図書館雑誌』第五九号（日本図書館協会、一九二四年）二六二―二六三頁。
（29）『図書館雑誌』第二八〇号（日本図書館協会、一九四三年）二〇九―二一四頁。
（30）前掲『図書館学序説』二三頁。
（31）「日本新聞協会の過去の代表標語」（http://www.pressnet.or.jp/about/recruitment/slogan/past.html）（参照二〇一六年二月二十五日）。

（32）「日本新聞協会新聞大会決議一覧」（http://www.pressnet.or.jp/about/shimbun_shukan/resolution/）（参照二〇一六年二月二十五日）。ジャーナリストの責任について、西原春夫（元早大総長、法学者）は、昨今の状況を分析し、「テレビにも新聞にも政府批判を遠慮する空気が出てきたように見えます」「健全な国家には政府に邪魔だと思われる新聞・テレビが絶対必要です。政府も寛容でなければなりません。ジャーナリストよ、戦後の原点に返れという思いでいっぱいです」と語っている（「政府批判　遠慮するジャーナリストへ「戦後の原点」忘れたか」「朝日新聞」二〇一六年六月十一日）。

（33）家永三郎『太平洋戦争』（日本歴史叢書）（岩波書店、一九六八年）三〇―五〇頁。

（34）前掲『日本公共図書館の形成』二八一頁。

（35）『千代田図書館八〇年史』（千代田区、一九六八年）一九五―一九七頁。

（36）渡邊徳太郎「児童閲覧の重要性」（『図書館雑誌』第一二〇号、日本図書館協会、一九二九年）二八六―二八七頁。

（37）文部省「新教育指針」寺崎昌男編『戦後教育改革構想第一期第二』（日本図書センター、二〇〇〇年）七頁。

（38）同書、八頁。

（39）唐澤富太郎『教科書の歴史――教科書と日本人の形成――』（創文社、一九五六年）四三三頁。

（40）同書、五一五頁。

（41）文部省編『初等科国語七　教師用』文部省、一九四三年、七―八頁。

（42）上杉愼吉『憲法読本』（日本評論社、一九三八年）三三頁。

（43）『図書館雑誌』第二八〇号（日本図書館協会、一九四三年）二一〇頁。

(44) 同書、二一三頁。
(45) その秘密の法制化は、常に表現の自由、国民主権など憲法の基本的原理とかかわる大きな問題を含んでおり、その都度大きな論争を引き起こしてきた。「防衛秘密に係るスパイ行為等の防止に関する法律案」(通称「スパイ防止法案」)の際も、政権与党内からも、「国政に関する情報は、主権者たる国民に対し基本的に開かれていなければならない。国民が、国政に関する情報にアクセスすることは自由であるのが原則なのだ。そして、この国政に関する情報に、防衛情報が含まれることも論を俟たない」(谷垣禎一「われら自民党議員「スパイ防止法案」に反対する」(『中央公論』一九八七年四月号、中央公論社、一九八七年)七九―八〇頁)などの意見が出るなどして、同法は結果的に審議未了、廃案となった。
(46) 芦部信喜『憲法』第六版(岩波書店、二〇一五年)一九八頁。
(47) 佐藤幸治『憲法』[新版](現代法律学講座五)(青林書院、一九九〇年)四六〇頁。
(48) なお、検閲の主体は公権力のみではなく、「裁判所による言論の事前差止も検閲の対象となる」。ただし裁判所による場合は、「その手続きが公正な法の手続によるものである」から、行政権による検閲とは異なり、例外的な場合(略)には「厳格かつ明確な要件の下で許されることもある」との見解がある(前掲『憲法』第六版、一九八―一九九頁)。
(49) 前掲『図書館戦争』一九頁。
(50) 同書、一八頁。
(51) 同書、一八―一九頁。
(52) 同書、一九頁。
(53) 同書、一六頁。

（54）前掲『憲法』［新版］四五五―四五六頁。
（55）同書、四五六頁。
（56）「特定秘密保護法案に関する声明」（http://www.jla.or.jp/Portals/0/html/jiyu/tokuteihimitsu_appeal.html）（参照二〇一六年七月一日）。
（57）「レッド・パージ」とは、共産主義者とその同調者を公職・企業などから追放すること。具体的には、新聞、通信、放送関係を皮切りに、政府機関、公共企業体、地方自治体、公立学校などに対して強行された。わが国では一九四九年〜五〇年、GHQの指令により大規模に行われた。
（58）今堀誠二『原水爆時代』下（三一書房、一九六〇年）五三―五四頁。
（59）日本図書館協会図書館の自由に関する調査委員会編『「図書館の自由に関する宣言　一九七九年改訂」解説』（日本図書館協会、二〇〇四年）一〇頁。
（60）『図書館雑誌』第三四一号（日本図書館協会、一九五二年）二二―二三頁。
（61）草野正名「『図書館の自由に関する宣言』採択の頃」（『人文学会紀要』第一九号、国士館大学文学部、一九八七年）一五一頁。
（62）同書、一五一―一五二頁。近年の状況には、「図書館の自由に関する宣言」が成立した当時と似通った点がある。「政治的中立」を理由に自治体などが催しの後援を拒んだり、施設の利用を認めなかったりするケースが、各地で起きている点である。表現の自由（憲法第二十一条）の意義が、改めて問われているように思われる。
（63）前掲『埼玉県立浦和図書館五〇年誌』五〇頁。
（64）同書、五〇頁。

(65) この「宣言」は、一九七九年に改訂された。改訂の直接の契機となったのは、一九七三年八月、山口県立山口図書館で起きた「図書の抜き取り別置事件」である。この事件を報じた新聞記事によると、同館の課長が開架図書から「思想偏向の本」(『朝日新聞』同年八月二十八日)、「反戦書など」(『毎日新聞』同年八月二十八日)五十冊余を抜き取り、別置したという事件である。館側の説明によると、別置の理由は、事務処理の遅滞による事故、あるいは新館の開館を前に利用者の印象を考え、親しみやすい資料を揃えて固さをほぐしたいと考えて行ったとのことである(村瀬和徳「山口図書館の資料事故について」(『図書館雑誌』第六八巻五号、日本図書館協会、一九七四年)一六一頁)。しかし、社会主義、反戦、学生運動、教育裁判などに関する図書の集中的な「別置」は、そうした弁明とは裏腹に、一定の政治的・思想的意図を鮮明にしていた。それは、戦前の図書館が「思想善導」の役割を果たすべく、図書館資料に操作を加えたことを想起させるものであった。そのため、この事件を契機に、事件の二カ月後に開催された全国図書館大会の公共図書館部会で、「図書館の自由宣言の再確認を求める強い声」があがり(同部会の様子を記述した菅原峻「住民に信頼される図書館」(『図書館雑誌』第六〇一号、日本図書館協会、一九七四年)六頁)、全体会議での同宣言の「再確認」決議の採択という形で、図書館の自由の問題が再登場してきた。その後この動きは、日本図書館協会のなかに、「図書館の自由に関する調査委員会」(一九七五年三月発足)を設置する動きへと発展した。そして、様々な調査、討議を経て、一九七九年五月三十日、日本図書館協会総会にて満場一致で可決され、「一九七九年宣言」として成立することとなった。

(66) 佐藤幸治『立憲主義について　成立過程と現代』(左右社、二〇一五年)一一頁。

(67) 同書、二六三頁。

第二章　すべての子どもに学校図書館を

――「図書館学の五法則」に学ぶ――

第一節　「図書館学の五法則」

一　「現実には話は違う」――学校図書館はどうなのか――

〈図書は利用するためのものである〉。図書館情報学を学んだ人ならだれでも知っているランガナタンの「図書館学の五法則」の第一法則です。

「図書館学の五法則」とは、インド図書館学の父と称されるランガナタンが、一九三一年に出版した書で明らかにされた図書館学の基本原則です。〈図書は利用するためのものである〉は、その第一法則、極めてシンプルな法則です。

図書館は何のためにあるのか（目的）、図書館の存在意義をどう考えるかは、図書館員が日々の図書館サービスを展開する際の「拠り所」です。それは、学校図書館も同様です。先ずは、学校図書館は何のためにあるのか（目的）が問われます。もちろん、学校図書館にかかわる多くの人は、学校図書館法に学校図書館の目的（「教育課程の展開に寄与する」「児童生徒の健全な教養を育成する」）が規定されていることは、基本的知識として知っています。しかし、第一法則に照らして言えば、「図書が子どものため」になっていなければ、この目的規定自体が空疎なものになりかねません。〈図書は利用するためのものである〉、ランガナタンの言うように、それは「自明のこと」[1]です。でも実際に、「自明のこと」になっているのでしょうか。

ランガナタンも指摘しているように、「だれも、この法則の正しさを疑わないであろう。しかし現実には話が違う[2]」ことはないでしょうか。それは、この書が著された二十世紀中葉（一九三一年）のみならず、二十一世紀初頭の今日においても、なお「話が違う」ことはないでしょうか。そして、学校図書館においてはどうなのでしょうか。

二　学校図書館業務を「顧みる」

図書館を担当している多くの人は、利用者に満足してもらえる図書館を創りたいと思っています。学校図書館に引き付けて言うなら、子どもたちに満足してもらえる図書館を創りたいと思っています。「図書館ってすごい、知りたいことが何でもわかる」「図書館で新たな自分を発見できた」「図書館って居心地がいいな」「また図書館に行こう」、そんな思いを子どもたちが抱いてくれる図書館を創りたいと思っています。

そのために、学校図書館担当者は、日々業務を工夫し、誠心誠意、仕事に向かっているわけですが、利用者（子ども）の期待を一層高めるには、日常の学校図書館業務を少しばかり顧みる（省みる）ことも必要だと思います。

「顧みる（省みる）」。解説がユニークなことで知られる『新明解国語辞典』（第六版）には、その語義が「①通り過ぎたあとを振り返って見る、②世話が十分行き届いているかどうかを（ゆっくり）考えてみる」と説明されています。また『大辞林』（第三版）には、「①過ぎ去ったことを考える。②気を配る。気遣う。心配する」などと説明されています。自分（自館）の図書館実践を「振り返ってみる、（ゆっくり）考えてみる」、あるいは改めて「気を配る。気遣う」ことも必要なのではないでしょうか。

そこで、学校図書館への期待に近づけるために、これまでの学校図書館業務を少しばかり顧みることができればとの思いから、ランガナタンの「図書館学の五法則」を改めて読み直してみようと思います。

ランガナタン（S.R.Ranganathan、一八九二―一九七二）は、イギリス統治下のインド南部マドラス州の町シヤリに生まれました。最初は数学者として研究生活を始めましたが、その後マドラス大学の初代図書館長に任命され（一九二三年）、ロンドンのユニバーシティ・カレッジの図書館学部への留学（一九二四年）を契機に図書館学の研究と実践の道を歩み始めました。帰国（一九二五年）後、全くのゼロ同然からマドラス大学図書館を組織し築き上げる仕事に着手、目録の再編成、開架制の採用、レファレンスサービスの開始などを手掛けました。[3]そうした現場での仕事と平行するなかで、「五法則」も誕生しました。一九二八年のことです。この年の十二月、「五法則」は約一〇〇〇人の教師が出席する講座で最初に公的に発表されました。[4]その「五法則」とは、次のことをいいます。[5]

図書は利用するためのものである（Books are for use）
いずれの読者にもすべて、その人の図書を（Every reader his or her book）
いずれの図書にもすべて、その読者を（Every book its reader）

図書館利用者の時間を節約せよ（Save the time of the reader）
図書館は成長する有機体である（A library is a growing organism）

その「五法則」が出版という形で世に出ることになったのは一九三一年のことです。『図書館学の五法則』（The Five Laws of Library Science）です。そして、この書は一九八一年に、その第二版（一九五七年）がわが国で翻訳・出版されることとなりました。

初版の出版以来八十余年にわたり、図書館情報学を学ぶ人たちに、図書館のあり様を指し示してきた「図書館学の五法則」、この法則を手がかりに、学校図書館業務を少しばかり顧みたいと思います。(6)

第二節〈図書は利用するためのものである〉（第一法則）

一　保存から利用へ

ランガナタンの第一法則は、〈図書は利用するためのものである〉です。「Books are for use」、このわずか四語のなかで、図書館の存在意義、空間（立地場所）、時間（開館時間）、居心地（家具）、人（図書館職員）などから検討を加え、〈図書は利用するためのものである〉ための要件を力説しています。その意味において、この法則は図書館を考える際の原点であります。しかしこの原則は、必ずしも「当たり前」でないようです。ランガナタンは、「図書館実務のどの側面でも、その歴史を検討するならば、第一法則がみじめにも軽視された証拠をたっぷり見出すのである[7]」と言っています。

たとえばその例として、かつて図書館の本は「鎖」でつながれており、その鎖つきの本は、「書架から鎖の長さ以上には動かすことができなかった。本の自由度は、鎖できまる範囲内に制限されていた」と述べています[8]。「鎖付きの本」(chained books)、図書館史の本には、そうした本の写真がしばしば載っています[9]。しかし、その「鎖付き」には理由がありました。当時本は貴重品(写本)で、写本では大量生産ができなかったからです。中世後期の大学図書館では、「一〇〇〇冊の写本をコレクションすることの困難は想像を越え」たのです[10]。ランガナタンも、写本の時代に「〈図書は利用するためのものである〉ということを顧みないで本を保存する行為に徹したとしても無理からぬことであった[11]」と述べています。

印刷術の発明によりこの様子は大きく変わりましたが、ランガナタンは本の自由な利用を妨げる規則や考えが長い間支配的であったため、鎖が外されても図書館ではこの「保存」という考えが長い間つづいたといいます。しかしその制限は、徐々に「除去」されるようになります。最初は選ばれた少数者に、次いで料金を払える人に、次にはすべての人に(しかし図書館内)、そして最後はすべての人に無料で[12]。図書館の命ともいうべき本(資料)が、利用者のためのものになるには、長い年月を要したのです。

現在では、学校図書館はもちろん公共図書館も保存を目的とした図書館ではありません。利用、提供を前提とした図書館です。図書館法は、「図書、記録その他必要な資料を収集し、整理し、保存して、一般公衆の利用に供し」(第二条)と規定し、収集、整理、保存は、「利用に供する」(提供)ための前提的業務と位置付けられています。また学校図書館法も、図書館資料を「収集し、整理し、及び保存し、これを児童又は生徒及び教員の利用に供する」(第二条)と、図書館法同様の規定をおいています。しかし現在でも、本(資料)が利用するためのものになっていない例を見ることができます。

私は、学校図書館を訪問して、アドバイス(助言)をすることがあり、その際は必ず担当の司書教諭の先生と一緒に書架を回ります。書架を見るとその学校図書館のこれまでの「歴史」、そして現在の「基本的姿勢」を一目瞭然で知ることができます。そのアドバイスの際に、よく質問される事項があります。「古色蒼然」とした本の取り扱いについてです。司書教諭の先生は、古色蒼然とした本を廃棄したい、でもしてもいいのだろうかと思案するわけです。「この本廃棄してもいいのでしょうか?」。

そうしたとき、私はその先生に尋ねます。「先生は、最近この本を子どもや先生が利用したのを見たことがありますか?」、あるいは「先生は、生徒にこの本の利用を勧めますか?」、さらに「先生は、自分の授業の教材として、この本を利用しますか?」、さらに「先生は、司書教諭として他の先生に、この本を教材として利用することを勧めますか?」。多くの場合は「NO」です。そうだとすると、こうした本は、何らかの理由により「利用するための本」としての価値を失っているのです。

もちろん、これらの本も、開架書架に配架され利用可能な状態になっています。ですから、ランガナタンがいう鎖につながれているわけではないのです。でも、これらの本を手に取る利用者（子ども）がほぼ皆無だということは、その本に何らかの「障壁」があるからです。その障壁が、当該図書の利用を妨げ保存だけの状態へと変質させているのです。さらに、その障壁は他の図書の利用を妨げる一要因にもなっています。多くの司書教諭の先生が言います。「これらの本のある棚には子どもはあまり来ませんね」。他の図書の利用も妨げているのです。古色蒼然とした本が並んでいる書架には、子どもは近寄り難いのです。障壁は、見えない鎖となっているのです。

それだけではありません。ある学校図書館には、子どもの理解やレベルをはるかに越えた本が書架に並んでいることがあります。極めて専門的な資料、特定の分野に特化した本が並んでいるのです。子どもの発達段階を考慮しないで選書をした結果です。そうした本を前にして、司書教諭の先生は「利用する人（子ども、教員）は、ほとんどいません」と言います。こうした本も障壁を作り、利用を妨げ保存のみの本になっているのです。それだけに、図書館担当者は、自館の蔵書を改めて点検し、「利用者のため」の蔵書構成になっているかを見直す必要があると思います。

二　図書館の立地場所

ランガナタンは、図書館の立地場所についても指摘しています。「図書館の立地は、一般に図書館主幹当局が[13]〈図書は利用するためのものである〉という法則を信じている度合をはかる指標とみることができよう」[14]と述べています。図書館をどこに設置するかで、図書館政策やその運営に携わる人たちの図書館への認識度をはかることができるというのです。そして、ランガナタンは、次のように言います。[15]今から八十五年前の指摘です。

商品を売ろうと思う機敏な商人は、人気のある寺の周辺に店を建てる。商売繁盛を願うコーヒー店主は、ビクトリア・ホテルのような大きな学生ホテルのそばに喫茶店を開く（略）。図書館の場合も同じである。人がいつも集まる場所は、いずれも図書館の有力な候補地である。

人の集まりやすい場所は、多くの公共施設や商店などと同じく、図書館にとっても立地にふさわしい場所です。昨年（二〇一五年）十二月二十三日に、オホーツク圏に位置する北海道北見市に市立中央図書館・新館がオープンしました。その図書館にはオープン初日だけで四〇〇〇名を越える来館者があったそうです。[16]その月末の北見市の人口は十二万一〇四八人でしたので、人口の三・三％の人が、一日だけで同館を訪れたことになります。この三・三％を私が住んでいる札幌市（人口一九四万八二六二人、二〇一五年九月一日現在）に当てはめると、約六万四〇〇〇人になります。すごい数です。その新館の立地場所はＪＲ駅前です。北見市の公共交通機関は、バスを除けばＪＲです。ＪＲ駅前は、北見市民にとって（さらに、その近郊の人にとって）「集まりやすい場所」なのです。そこに図書館が新館としてオープンしたのです。[17]

私は大学で、司書教諭資格の取得を目指している学生を対象に、司書教諭資格関連の科目を担当しています。受講している学生に、小・中・高校時代の学校図書館の設置場所を質問することがあります。「学校図書館？　どこにあったかな」と答える学生もいれば、「時々行っていました。本を読んだり調べものをしたり。職員室の近くにありました」「二階の階段の近くにあり、図書委員として毎日通っていました」と答える学生もいます。設置場所は一様ではありません。でも、「校舎の最上階の一番奥に学校図書館があった」と話す学生が時々います。そうした学生は、図書館の利用体験に乏しいことが多いのです。登校したら、いつも通る場所に位置している学校図書館は、それだけで利用しようかと思わせます。

全国学校図書館協議会は、「学校図書館施設基準」（一九九〇年、一九九九年改訂）を発表しています。[18]その「基準」では、学校図書館の設置は、「専用の施設として設ける」「位置は、児童生徒の移動の実際を考慮し、校内の利用しやすい場所に設ける」となっています。また文科省は、「中学校施設整備指針[19]」（二〇一四年）のなかで、図書室については、「利用する集団の規模等に対して十分な広さの空間」を確保するとともに、「各教科における学習活動等において効果的に活用することができるよう普通教室等からの利用のしやすさを考慮しつつ、生徒の活動範囲の中心的な位置に計画することが重要である」との指針を示しています。「校内の利用しやすい場所」「生徒の活動範囲の中心的な位置」は、ランガナタンが指摘するように「人がいつも集まる場所」であり、「図書館の有力な候補地」なのです。

でも、既述した学生の回答でも明らかなように、必ずしも、そのような位置に学校図書館が設置されているとは限りません。学校図書館が、校内のどの位置に設置されているかは、学校図書館への期待度と大きくかかわっています。そして、それはその時代の政治・経済の動向とも深くかかわっています。

たとえば、高度経済成長の入口の時（一九五八年）に学習指導要領が改訂されました。その改訂により、小・中学校とも授業時間数は大きく増え、小学校は五七八〇コマから五八二一コマへ、中学校は三〇四五コマから三三六〇コマへとなりました。そのため、「指導しなければならないことが多すぎるんですよ。あの指導要領にあることを、教師がまともに扱っていたら、もうそれだけで、児童も教師も疲れ切ってしまう」という状態でした。[20] 学校は、教科書に書かれた知識の詰め込みで精一杯となり、学校図書館を利用することなく授業は進み、受験競争の激化は、そうした傾向に拍車をかけました。そうしたなかで、学校図書館への期待が薄れていったのです。同時にその時期、ベビーブームによる生徒急増が重なり、各自治体は普通教室の設置を優先し、図書館の設置場所は後景に追いやられがちでした。その結果として、「一番奥」に設置されることも生じたのです。〈図書は利用するためのものである〉という法則は、働きにくかったのです。

しかし、最近建築された学校図書館は、比較的「校内の利用のしやすい場所」に設置されているように思います。昨年（二〇一五年）訪問した学校（小学校）は、校舎改築二年目の学校で、学校図書館は一階の職員室の近くにあり、広さも設備も極めて立派でした。

学校図書館の担当者にとっては、図書館の設置場所は嘆いても仕方ないことです。しかし、位置は変更できないが、図書館の設備や雰囲気は変えることができます。ランガナタンは言います。[21]

〈図書は保存するためのものである〉という見解が支配的であった時代には…筆者補足）装飾品は閲覧室には必要がない。室内をより魅力的にする掛物もない。閲覧者の疲れた目をいやす、美しい絵画も、感動を与える肖像もなかった。

学校図書館の設置場所にかかわらず、こうした状況は変えることができます。図書館に入ったら「とてもきれいに装飾がされていた」「絨毯が敷いてあった」「季節の花が飾られていた」「机や椅子が心地良かった」「古いテーブルにきれいな布が掛かっていた」などの工夫で、図書館の印象は大きく変わります。「図書館に行きたくなる」と思うような雰囲気（様子）の図書館を創ることはできるのです。

昨年（二〇一五年）訪問した別のある小学校です。対応された司書教諭の先生は、私を学校図書館に案内しながら「図書館は三階の一番奥にあります」と話されながら長い廊下を一緒に歩きました。確かに「最上階の最奥」なのです。でも図書館に入ったら、とても明るい雰囲気。館内は整頓され、装飾もされ、各種のサインも適切でした。書架も整理され閲覧机も椅子も適切でした。図書館の設置場所としてはふさわしくない場所でしたが、アドバイスを終えて図書館を出るとき、「また来よう、来年はどうなっているのか」と期待を持たせる図書館でした。設置場所は「最悪」ですが、担当者の工夫により「最良」の雰囲気の図書館を創り出していました。

三　図書館の開館時間

ランガナタンは、図書館の「開館時間、閉館時間」についても、次のように指摘しています。[22]

〈図書は利用するためのものである〉という法則が、十分に自己を主張しなかった段階では、図書館は、開館するよりも、しばしば閉館している方が多かった。

学校図書館が、どの時間帯で、何時間開いているかは、「利用するための」図書館の要件としては極めて重要なことです。しかし開館時間が限定的で、ときには昼休み（あるいは放課後）のほんの少しの時間だけ、あるいは曜日限定という学校図書館は、全国に数多くあります。

その要因は単一ではありません。何よりも、学校図書館への期待度が低い学校では、開館時間をさほど気にすることはありません。「教育課程の展開への寄与」や「児童生徒の健全な教養の育成」

（学校図書館法第二条）に、学校図書館機能の発揮を期待していない学校では、学校図書館の必要性の認識は希薄です。そうした学校では、子どもの学校図書館利用を促すことも少なく、学校図書館の開館時間は、学校経営上も学校図書館運営上も課題として認識され難いのです。

しかし、開館時間に悩む大きな理由は「人」の問題です。「人」がいなければ、図書館は開館できず、開館できてもその時間は限られます。担当者も残念だと思いますが、そうした図書館は図書館機能の発揮も限定的で、十分な図書館サービスを展開できません。

しかし図書館に「人」が配置されれば、図書館は「利用するための図書館」になるのです。「人」の配置に積極的な自治体では、学校図書館が大きく変化しています。北海道旭川市では、二〇〇五年度から「学校図書館補助員」の配置事業が行われました。配置後の学校図書館は、当然にも「利用者数、貸出冊数が増加した」「レファレンスサービスができるようになった」「学習に必要な資料が揃うようになった」、そして「開館時間が長くなった」のです。旭川市だけではありません。「人」が配置される、そしてその配置が適正にされることにより開館時間も長くなり、図書館は「利用するための図書館」になるのです。すなわち、開館時間は他の図書館サービスの量や質と連動するのです。それゆえ、開館時間は、〈図書は利用するためのものである〉との法則の進展具合をみる指針でもあるのです。

その旭川市では、学校図書館補助員配置十年目を迎えた二〇一五年（四月現在）には、小学校五十五校（小中併置校三校を含む）、中学校二十四校に合計五十四人（小学校三十七人、中学校十七人）の学校司書が配置されるようになり、さらに学校図書館法の改正（二〇一四年）を受けて、同年四月より補助員の名称も「学校司書」となりました。

四　図書館員の問題

この開館時間一つとってみても、「人」の問題は学校図書館の重大要件です。ランガナタンは、第一法則〈図書は利用するためのものである〉の半分以上を「人」（図書館職員）について論じています。「図書館の運命を最終的に左右するのは図書館職員である」との考えからです。[23]「図書の保存が図書館の主要な関心事であった時代には、職員に要求されることは、火、水、虫、人間という四つの本の大敵と戦うことができる適格な番人[24]」であったといいます。しかし、ランガナタンは、〈図書は利用するためのものである〉という法則を実践するなら、図書館員には多くの要件が求められる、例えば「図書館の仕事には、訓練、エネルギー、機敏さ、特別の適応性」が必要であるとの説を引用し[25]、専門的知識や技能の重要性を指摘しています。

図書館職員に「専門性」が必要なことは、今日では多くの人たちの了解事項です。図書館法は、「図書館に置かれる専門的職員を司書及び司書補と称する」（第四条一項）と規定し、司書は「図書館の専門的事務に従事する」（第四条二項）としています。そして、その資格取得の要件の一つとして「大学を卒業した者で大学において文部科学省令で定める図書館に関する科目を履修したもの」（第五条一項一号）を例示しています。

それは、学校図書館担当者も同様です。たとえば、司書教諭については、学校図書館法でその職務について、学校図書館の「専門的職務を掌る」と規定しています(第五条一項)。そして、その資格取得のためには、教諭免許状を前提に、文部科学大臣の委嘱を受けた大学その他の教育機関が行う「司書教諭の講習を修了した者でなければならない」とされています(第五条二項、三項)。また司書教諭とともに学校図書館運営の協働関係を築いている学校司書については、二〇一四年の学校図書館法の改正により、学校司書には「専門性」があることが認められました。同法の附則で「学校司書の職務の内容が専門的知識及び技能を必要とするもの」との規定が加わったのです。

その「資質」とかかわり、ランガナタンは図書館員に不可欠な「学識」についても述べています。その「学識」とは、「判断力、訓練、科学的資質」であり、そのためには「常に学ぶ者の態度」を持つことが求められるといいます。[26] そして、「図書館に不足しているのは本ではない。欠けているのは効果的な雇用への手がかりである。その決め手となるのは、図書館長及び職員の個性と学識である」と論じています。[27] 図書館にとっても「人」(図書館職員)の資質が重要だとの指摘です。

これは学校図書館も同じです。「学校経営」ということばがありますが、その学校経営においても「人」という資源は極めて重要な要件です。「教育は人なり」との格言を持ち出すまでもなく、教育においても「人」の存在とその資質の高さは、教育事業の遂行にとって最大の重要事です。学校図書館とて同様です。学校図書館経営もまた、その事業を担うには、すぐれた「学識」や専門性を有した「人」が必要なのです。

利用者と資料を結ぶ接点にある「人」のサービス。そのサービスのあり様が、学校図書館を活性化する「カギ」であると思います。適切なサービスが行われ、そのサービスの量が増え、その質が高まることによって、学校図書館も本来の意義を高めることができるのです。

ランガナタンは、「人」の問題について他にもさまざまな点について述べています。「行政能力の必要性」「地位とお金（給与）」など多岐にわたっています。その「人」について、ランガナタンの指摘を最後にもう一つだけ紹介したいと思います。利用者に対する図書館員の「態度」についてです。次のように言います[28]（概略）。

図書館は、今や近代的な商店の方法を採り入れなければならない。多くの図書館員は非常に多くの仕事を抱えている。それでも、利用者が図書館に入ってきたら、手がけている仕事をすぐに中止して、利用者に歓迎の気持ちと注意を向けたという印象を与えることが大切である。利用者が帰宅してから、図書館で対応してくれた青年の微笑は部屋全体を明るくしていたし、全くいい場所にやって来たという感じがした。（略）いつでも時間が空いたときは図書館で過すようにしたい。

図書館に対する印象は、学校図書館を含めて「人」の対応に大きく依拠しています。特に学校図書館の場合は、図書館利用の仕方も資料利用の方法も十分に理解していない子どもが多数います。

そのため館内をあちこち回ったり書架の前で立ちすくんでしまったりすることがあります。そのとき、「どうしたの？　何を探しているの？」、当該の子どもに「歓迎の気持ちと注意」を払うなら、その子どもはとても安心して図書館を利用できると思います。

またレファレンスの場合には、子どもは質問内容を上手に説明できないことがあります。質問内容が複雑であったり、子ども自身もその内容を十分に咀嚼していないような場合には、質問内容を担当の司書教諭（学校司書）に上手に説明できないことがあります。また質問そのものを躊躇することもあります。こんな質問をして先生を困らせないだろうか、こんな質問をして先生は私を馬鹿にしないだろうか、こんな質問を先生は理解できるだろうかなど、躊躇の理由は複合的です。その結果、回答を得ることなく図書館を去ってしまうことがないとも限りません。そうしたとき、図書館担当者がどのように対応するかは重要な課題です。そうした困惑に適切に対応した場合、子どもは「全くいい場所にやって来た」と思い、また図書館に来ようと思うでしょう。ランガナタンが指摘する図書館担当者の「態度」が、利用者への適切なガイダンス・助言へと結びつくのです。

もちろん、こうした「態度」は、図書館担当者の専門性に裏付けられていることが前提です。しかし同時に、子どもへの思いやりと親切さ、当該学校や地域の課題を敏感に受け止めるなどの態度は、学校図書館が子どもの学習や読書と向き合うときに、極めて重要な要件です。そうした要件が、〈図書は利用するためのものである〉という法則を実質化するのです。それは、今日の私達にも教えてくれる重要な要件です。

第三節　〈いずれの読者にもすべて、その人の図書を〉（第二法則）

一　「本は教育の道具である」

ランガナタンの第二法則は、〈いずれの読者にもすべて、その人の図書を〉（Every reader his or her book）です。この原則もシンプルです。この原則には、第一法則を発展させる大きな変革の視座が内包されています。

この法則は、「本の利用者から」の視座であり、図書館はいずれの利用者（「Every reader」）にも、それぞれふさわしい本を提供すべきであるという考えです。いずれの「his」にも「her」にも、すなわち「すべての人に図書を」という考えです[29]。社会的階層、性別、居住地（都会と地方）、年齢（成人と児童）、貧富の差、政治的条件やその他の条件によって、図書館利用を妨げられないということです。

今日、図書館利用はすべての人に平等であるという原則は、国際的スタンダードです。「ユネスコ公共図書館宣言[30]」（一九九四年）は、「公共図書館のサービスは、年齢、人種、性別、宗教、国籍、言語、あるいは社会的身分を問わず、すべての人が平等に利用できるという原則に基づいて提供される」と規定しています。

この第二法則〈いずれの読者にもすべて、その人の図書を〉の前提には、「本が教育の道具」であるという考えがあります。そしてランガナタンは、本が「教育的価値」を有しているから、本が「教育の道具」になるのだと考えます。しかし「だれでも教育を受ける資格があるだろうか」という疑問への答を歴史的にたどると、この法則もまた、苦闘の歴史をたどることになるというのです。

本が多くの大衆から遠ざけられた要因は様々ですが、ランガナタンは、その要因の一つに「特権的地位にいる人たちの政治的本能」を上げています。なぜなら、（ある人の考えを引用して）独裁的な政府は、「知識と知性が自由への願望を生み出すことを恐れたから」だといいます[31]。それは、当然にも「his or her book」とはならないわけです。イギリスでは、最初の公立図書館法案に対して、「余りにも多くの知識を持つことは危険であり、図書館は政治教育の中心となるかもしれない[32]」との反対議論があったことを紹介しています。

「知」の独占が権力の維持装置だったわけです。それは、わが国の戦前の図書館政策にも見ることができます。戦前の図書館に関する単独法令である図書館令（一八九九年公布、一九三三年全面改正）は、「公立図書館ニ於テハ図書閲覧料ヲ徴収スルコトヲ得」（第七条）と規定していました。図書館利用は有料だったわけです。その結果として、経済的理由により図書館を利用したくても出来ない人もいたわけです。経済的強者による「知の独占」です。

「知の独占」はさらに続きます。ランガナタンは、すべての人が教育を受ける機会を獲得するまでの過程を語り、様々な社会的階層と読書の関係を分析しています。そのなかで、「性別」も「都会人と地方人」の問題も克服されなければならない課題だと述べています。さらに、「異なった条件下にある人」「陸と海」「成人と児童」など、多様な側面から「教育を受ける資格」との関連が論ぜられています。

これらの課題は、教育がすべての人に、平等に開かれるようになる歴史と平行しているように思われます。教育は、長い間、「平等」という基本的な人間の権利からほど遠いところにありました。わが国でも、教育を受けることが人権の一つであり、その人権は平等に保障されるとの考えが容認されるのは、日本国憲法の制定によってです。「すべて国民は、法律の定めるところにより、その能力に応じて、ひとしく教育を受ける権利を有する」（第二十六条一項）との規定がそれです。その趣旨は、「教育は、個人が人格を形成し、社会において有意義な生活を送るために不可欠の前提をなす[33]」、あるいは「人間の自由や幸福は、豊かな知識と教養を前提にしてはじめて有意義に実現されるものである[34]」からです。教育は「有意義な生活を送るために不可欠の前提」「自由や幸福の前提」なのです。

そして、この教育を受ける権利には、「国は、教育制度を維持し、教育条件を整備すべき義務を負う[35]」との要請が含まれています。教育を受ける国民の権利を、国が条件整備しつつ担保するのです。学校図書館の整備も国が負うべき条件整備の一つです。学校図書館法は、「国は、（略）学校図書館を整備し、及びその充実を図る」（第八条）と規定しています。

わが国において、教育の「機会均等」の原則は、日本国憲法の平等規定（第十四条）と相俟って、教育における男女平等の原則も確立されました。同条（第十四条）は、性別による差別を禁じていますから、第二十六条に規定する「教育を受ける権利」は、第十四条による「性別」による差別の禁止を内包しているのです。

しかし、「都会人と地方人」、すなわち「居住している地域」による教育格差は今なお大きく存在しています。また「異なった条件下にある人」の教育も、多くの格差を抱えつつようやく均等（平等な教育）への道に入ったばかりです。そして、そうした格差は、〈いずれの読者にもすべて、その人の図書を〉という法則にも大きな影響を与えているのです。

二　図書整備

ランガナタンのこの第二法則を、今日において理解するには、当該地域（コミュニティ）、組織などの「his or her」が、どんな状況下にあり、そのニーズが何であるかを理解しなければなりません。すなわち、当該地域の「一般公衆」（図書館法第二条）や「児童生徒」（学校図書館法第二条）の状況を理解し、その地域や組織の「いずれの人」（Every reader）にも、ニーズに合致した「それぞれの図書」（his or her book）が届いているかを理解することだと思います。

こうした視点に立って、今日の学校図書館のことを考えてみたいと思います。果たして、「his or her」のニーズを満たす図書は、各学校図書館に所蔵されているのでしょうか。授業に役立つ本、各人の興味・関心に応える本（「his or her book」）が届けられているのでしょうか。

そうしたとき、その学校図書館には「それなりの数」の蔵書がなければならないことに気付きます。それでは、「his or her」のために、学校図書館では、どれだけの図書が必要なのでしょうか。そのことを測る一つの物差しが、文部省（当時）が設定した「学校図書館図書標準」（一九九三年）です。「学校図書館図書標準」とは、公立の義務教育の小・中学校の学校図書館が整備すべき学校・学級規模ごとの図書の整備冊数です。それによりますと、小学校十二学級（十八学級）、中学校十二学級（十八学級）では、それぞれ七九六〇冊（一万三六〇冊）、一万七二〇冊（一万三六〇〇冊）となります。[36]

しかし、文科省の調査結果[37]によりますと、その達成率は標準が設定されてから二十年を経た二〇一三年度末においても、小学校六〇・三％、中学校五〇・〇％に留まっています。約半数の学校は一〇〇％未満です。しかも五〇％未満の学校は、小学校二・一％、中学校三・九％です。こうした状況をみると、「his or her book」は「his or her」に届けられてはいません。各人のニーズに合致した図書は、子どもには届けられていないのです。

文部省（当時）は、当初「学校図書館図書標準」を実現するための経費を地方交付税措置として五年間（一九九三年〜九七年）で総額約五〇〇億円を措置しました。[38]しかし、その経費が実際の学校図書館の図書整備に当てられるには、各地方議会で予算化される必要があります。しかし地方財政の厳しい折、自治体のなかにはこの財源を図書整備に予算化せずに、他の用途に回すことがあります。[39]いわば、図書整備予算の他への「転用」です。その結果として、「his or her book」が届けられない状況が生じているのです。こうしたことは、当該の自治体にとっても苦汁の選択なのだと思います。

しかし、学校図書館が、子どもたちの主体的学習を支え、豊かな人間性を育む土壌であることを思うなら、こうした選択は、当該地域を支える未来の人材を育成するという観点からも疑問をもたざるを得ません。今日のわが国においては、教育を受ける権利は、既述のごとく憲法的権利として規定されています。「だれでも教育を受ける資格、権利」は保障されているのです。そしてその教育を学校図書館が「図書（資料）」を媒介として支えるのです。ランガナタンは、イギリスにおける義務教育の推移（任意から義務化、そして無償へ）を紹介しながら、「いったん〈すべての人に教育を〉ということが確立されると、〈すべての人に図書を〉とい（う…筆者追加）第二法則が舞台に登場」したと述べています。[40]「教育」と「図書」との連動性です。「本が教育の道具」として、子どもの「学び」と「育ち」を支援するのです。

ランガナタンはまた、本と民主主義の関係についても述べています。第二法則〈いずれの読者にもすべて、その人の図書を〉は「政治的かつ経済的本能」にもとづく強力な反対勢力（いわゆる「知の独占」勢力）との対決を強いられたが、[41]同時に本が子どもを育て社会を新たな地平に導いていった数々の事例を紹介しています。そして「多くの国ぐにで民主主義の旗を意気揚々とかかげた」[42]といいます。本が子どもと社会を変革する大きな要因となったのです。

子どもを育てることは、各自治体の大きな責務です。子どもは親の宝だけではなく「町の宝」です。そこで育った子どもが、その地域の主人公として、自治を担い経済を担い、町づくりに参画していくのです。そして、それぞれの地域で「民主主義の旗を意気揚々とかかげ」るのです。地方自治、地域主権、地域再生という「旗」を。

地域の学校で育くまれた「知」が、当該地域の未来を創るのです。地域の「知」が、地域の人びとが住む町を豊かな魅力あふれる「地」へと変えていくのです。それゆえ、どんな町に住んでいようとも、その地域の子ども（［his or her］）に「その人の図書」（［his or her book］）が必要なのです。その地域に合致した、その地域の子どものニーズに合致した図書が必要なのです。〈いずれの読者にもすべて、その人の図書を〉、この法則は今日のわが国の学校図書館を支える法則でもあるのです。

三　「都市と地方」の問題――司書教諭の未配置――

（一）書店がない、図書館がない

ランガナタンは、〈すべての人に図書を〉という法則によって克服されねばならない問題として「都会人と地方人」の問題を挙げています。そして、この「都市の関門は、所得の差や性差別のときよりも、更に長く第二法則をはばんできた」(43)といいます。

しかし、「地方の人」も主張し始めました。ランガナタンは、その主張を次のように紹介しています(44)。

われわれは、都市の人間と同じように国庫に税金を納めている。それなのに、この差別待遇はどうしたことか。なぜ、都市の人びとだけが市立図書館を持ち、その周りにいろいろの娯楽施設を持つのだろうか。なぜ、国はわれわれにも同じような図書館その他の施設を用意してくれないのだろうか。われわれも頭脳を持っている。われわれも世の中のことについての知識を向上させたい。（略）われわれも〈自分たちの図書〉を持ちたい。

「都会人と地方人」の問題は、「都市と地方」の問題として今日のわが国でも重要な課題です。都市への人口流入、その結果としての都市問題（過密、地価や住宅の高騰、通勤難、物価上昇、公害など）の恒常化。他方では地方からの人口流出、その結果としての過疎化（生業継続の困難、公共的施設やインフラの不足など）の深刻化といった問題として顕在化しています。そしてこの問題は、〈すべての人に図書を〉という法則から考えるなら、「地方」の問題としてより顕在化してきます。

「本」に話を戻します。「毎日新聞」は、「書店空白三三二市町村」（二〇一五年一月六日）との記事を掲載しました。それによりますと、新刊本を扱う書店が地元にない自治体数が全国で四市を含む三三二市町村に上り、全体の五分の一に上ることがわかったといいます。「消滅可能性都市」と一致する自治体が多いのだそうです。「消滅可能性都市」とは、出産の中心世代となる女性（二十～三十九歳）の人口が、二〇一〇年から二〇四〇年までに半減するため総人口も急減し、社会保障の維持や雇用の確保が困難になるなど行政機能の維持が難しくなるとみられる自治体のことです。民間研究機関（日本創成会議）の試算（二〇一四年五月）によると、そうした都市は全国一八〇〇市区町村の四九・八％にあたる八九六自治体に上るといいます。「毎日新聞」は、作家で、文字・活字文化推進機構副会長の阿刀田高さんの次のような指摘を載せています。

町の本屋が減れば子どもたちが紙の書物に触れる機会が減り、活字離れに拍車がかかるだろう。本屋は地元の活字文化を支える存在であり、消滅は地方文化の衰退につながる。

そして、こうした地域では、公立図書館の設置率も低い傾向にあります。全国の公立図書館の設置率は、市（区）ではほぼ一〇〇％（九八・八％）ですが、町村立は五五・一％に過ぎません[45]（二〇一五年四月一日現在）。子どもが、近くの公共図書館を利用したくてもその図書館がないのです。

書店がない、公共図書館がない。一体子どもは、どのようにして「本」を手に取ることができるのでしょう。その時の出番こそ学校図書館なのです。学校が地域住民の「絆」の中心であるように、その学校に設けられた学校図書館は、地域の文化拠点としても大切なのです。もちろん、その学校図書館には「質量ともに豊かな資料（本）」が不可欠ですが、同時にその所蔵資料を熟知した「人」としての司書教諭（学校司書）が必要なのです。

（二）司書教諭の配置――未配置が多い「十一学級」以下の学校――

しかし、その司書教諭の配置は「地方」にとっては厳しい状況下にあります。特に、「十一学級以下」の学校においてです。

その司書教諭については、既述のように「学校には、その専門的職務を掌らせるため、司書教諭をおかなければならない」（学校図書館法第五条一項）と規定されています。同法第三条の学校図書館の設置義務に対応し、校種、規模、国公私立を問わずに、司書教諭の配置を規定したものです。その司書教諭は、長い間「当分の間置かないことができる」（学校図書館法附則第二項）との規定（いわゆる「配置猶予」規定）により配置されませんでした。しかし、一九九七年の学校図書館法の改正により、その配置猶予に期間の限定が付き（現在はその期間も経過）、司書教諭は「原則」配置されることになりました。そのため、最近（二〇一四年五月現在）の文科省の調査によりますと、[46] 国公私立を含めて十二学級以上の学校での司書教諭の発令割合は、小学校九八・四%、中学校九七・二%、高校九三・〇%、ほぼ一〇〇%配置されています。

しかし同法附則には、「政令で定める規模以下の学校にあっては、当分の間」置かないことができるとの規定があります。その学校は「十一学級以下」の学校です（「学校図書館法附則第二項の学校の規模を定める政令」、一九九七年）。すなわち、十一学級以下の学校への司書教諭の配置は、法に定められた義務ではなく自治体の任意に委ねられているのです。そのため、先の文科省の調査によりますと、これらの学校への司書教諭の発令は、小学校二七・二%、中学校二九・八%、高等学校二九・八%と低い割合にとどまっています。それらを学校数でみますと、そうした学校は全体（国公私立）の約半分近くになっています。すべての学校を母集団とすると、小学校は四五・二%（学校数

二万四三七校、十一学級以下の学校九二四六校）、中学校は五一・三％（学校数一万三七二校、十一学級以下の学校五三二六校）、高等学校は一八・四％（学校数四九六七校、十一学級以下の学校九一三校）です。

こうした学校の多くは、「地方都市・町村」にあります。ランガナタンの指摘を借りると「地方人」の問題であり、それは既述した「消滅可能性都市」と重なる部分があります。私が住んでいる北海道には、消滅可能性都市に約一三〇の自治体（区）が挙げられていますが、それらの自治体の多くの学校の学級数は「十一学級以下」です。

学校図書館が「活用」されることの核心は、学校図書館の資料とメディアが、日々の学習と結び付き利用されることです。「教育課程の展開に寄与する」（学校図書館法第二条）とは、こうした営為そのものです。しかし、こうした営為が学校図書館で展開されるためには、そうした営為を実践できる力量を有した「人」が必要です。とりわけ、資料とメディアに精通した「人」が必要です。そして、その資料とメディアを知り、駆使できる力量は、豊富な経験に依拠することが多くあります。イギリスの図書館学者D・アーカートは、「図書館学は経験科学である」と言っています。[47]経験を積み重ね、その経験を理論化しそれを再び実践に反映させる、こうした経験と理論との循環が図書館サービスの質を高め、「活用」の内実を形成するのです。

しかし、十一学級以下の多くの学校にはこうした司書教諭は配置されていません。そして司書教諭のみならず、これらの学校の多くには、学校司書も配置されていません。文科省の先の調査[48]によりますと、司書教諭も学校司書も配置されていない学校は、小学校一九・四％、中学校二二％、高等学校一〇・一％です。その多くは、十一学級以下の学校だと想定されます。学校図書館に関する専門的知識や技能を習得していない「人」によってでは、担える学校図書館業務は限定されます。資料の組織化（分類など）に関する知識・技術がなければ、収集した資料は分類されないまま配架されかねません。また図書原簿への記入も不十分になりかねず、そうだとすると、自館の蔵書の全体像を把握することも困難になります。さらにレファレンス機能も十分発揮できないように思われます。

住んでいる地域によって、豊かな図書館サービスを受けることができない、あの子どもにも、この子どもにもふさわしい本を届けることができない。学校図書館に、専門的知識と技能を有した「人」が配置されなければ、そうした事態を生じかねません。そうした事態が「教育課程の展開への寄与」「健全な教養の育成」を阻害する要因になりかねません。

「本の力」は、「子どもを育てる力」です。ある調査結果(49)（「子どもの読書活動の実態とその影響・効果に関する調査研究」）によりますと、次のような結果が出ています。

就学前から中学時代までに読書活動が多い高校生・中学生ほど、「未来志向」、「社会性」、「自己肯定」、「意欲・関心」、「文化的作法・教養」、「市民性」、「論理的思考」のすべてにおいて、現在の意識・能力が高い。

読書は、子どもを「未来志向」「自己肯定」「社会性」などの意識や能力を高めていくことと深くかかわっているというのです。「his or her」にふさわしい図書を届けることは、子どもを育てることの大きな要因の一つだということがわかります。学校図書館において、その本を子どもに届ける仲立ちが司書教諭であり学校司書なのです。

読書を通じて、未来志向性や自己肯定性、さらには市民性の高い子どもが育つなら、それは一国の将来にとって大きな光となるのです。特に「社会現象が変えられるかも知れない」という思いを有している「若者」の意識が低いわが国にとっては大きな光です。ランガナタンは、第二法則の「戦いは、限りない民主主義とそのアピールの普遍性に大いに依存している」といいます。すべての子どもに本を届ける、どんな地域に住んでいる子どもにも本を届ける。特に子どもにとって最も読書環境として近い学校図書館を通して本を届ける。そのことは、子どもの成長・発達の権利を充足し、民主主義社会の主人公を育てることにもなるのです。

四 「異なった条件下にある人」――支援を必要とする人――

ランガナタンは、「〈すべての人に図書を〉というときのすべてには、（略）例外を認めない。〈健常者であってもなくても、だれに対してもその人の図書を〉供給するように整備されるまでは、第二法則は休むことがない」といいます。

この節で、ランガナタンは、「円卓会議」を設定して、病院の入院患者、目の不自由な人、識字

力に乏しい人、聾唖児を持つ母親、刑務所の看守が、読書について話し会う場面を登場させていま
す。そのなかで、すべてに例外を認めず、本に接することの重要性について語らせています。文字通り「すべて」に対してです。

「刑務所にいる人（受刑者）にも本を」。わが国で「在監者」[53]の図書閲読が社会的に明らかになったのは、拘禁中の死刑囚が「新聞等の閲読制限は基本的人権を侵害する」として裁判所に不服を申し立てた事件が先駆だと思います。この事件の判決が一九五八年に大阪地裁で出されています[54]。そのなかで、「拘禁中の者でも基本的人権の制限は必要最小限度の合理的制限の範囲のほかは認められない」として、請求事項の内いくつかについて原告（死刑囚）の請求を容認しました。そのなかに、「通信、新聞閲覧の自由」も含まれています。ランガタンの指摘は、この判決の三十年も前のことです。

司書資格取得に必要な科目である「図書館サービス概論」には、「利用対象者別の図書館サービス」という項目があり、児童サービス、ヤングアダルトサービスなどとともに、高齢者サービス、多文化サービス、特別な支援を必要とする者へのサービス、アウトリーチが列挙されています[55]。「アウトリーチ」とは、「公共図書館のサービスエリアの中にいながら、これまで図書館サービスが及ばなかった人々に対して、図書館の側から図書館サービスを積極的に広げていく活動」のことです。その対象者として「入院患者、施設入所者、非識字者、移民、少数民族、外国人」などが考えられます[56]。文字通り、このサービスは〈すべての人に図書を〉という法則の具体化であります。

学校図書館に引きつけてこのサービスを考えてみましょう。学校には、読むこと、学ぶことに困難を抱えた子どもが在籍しています。視覚障がい、聴覚障がい、肢体不自由、知的障がい、学習障がいなどの子どもです。ですから、こうした子どもへの「特別な支援」は、学校教育総体として取り組む課題です。それは、学校図書館も同様です。

全国学校図書館協議会が、全国の特別支援学校全体を対象に学校図書館の実態調査を実施しました[57]（二〇一三年）。その主な結果を紹介すると、①学校図書館の設置率：八七・六％、②司書教諭の発令率：五七・五％、③学校司書の配置率：一三・三％、④「学校図書館経営計画」の策定率：四四・〇％、⑤年間予算一校平均：十六・八万円、⑥蔵書数一校平均：四三四二冊、⑦新聞の購読紙数一校平均〇・六紙、⑧雑誌の購読誌数一校平均一・九誌となっています。いずれも、小・中・高校などの学校図書館と比較し大きな開きがあります。

特別な支援を必要とする子どもに対する学校図書館の取り組みには二つの側面があります。第一は利用しやすい環境の整備です。障がいに配慮した館内のレイアウト、図書館備品や机・椅子などの整備、車いすなどを利用した移動可能な通路の確保、視覚障がいの子どもに配慮した照度や採光、拡大鏡、拡大読書器などの補助具の用意などです。第二は障がいを考慮した読書・学習支援です。墨字図書や点字図書、拡大図書、録音資料、DAISY図書などの収集・提供、対面朗読の実施、手話の活用などが考えられます。

二〇一三年、「障害を理由とする差別の解消の推進に関する法律」が制定されました（二〇一六年四月一日施行)。同法には、「全ての障害者が、障害者でない者と等しく、基本的人権を享有する個人としてその尊厳が重んぜられ、その尊厳にふさわしい生活を保障される権利を有する」と規定されています。そして、「行政機関等及び事業者」における障害を理由とする差別を解消するための措置等を定めることにより、「障害を理由とする差別の解消を推進し、もって全ての国民が、障害の有無によって分け隔てられることなく、相互に人格と個性を尊重し合いながら共生する社会の実現に資する」とも規定されています。同法第一条に規定された「目的」規定です。

学校図書館を通した「共生する社会」の実現、それはランガナタンが抱いた「だれでも教育を受ける資格があるだろうか」という問いに対する今日的な回答です。「だれでも教育を受ける資格があるある」のです。

第四節 〈いずれの図書にもすべて、その読者を〉(第三法則)

一 開架制

ランガナタンの第三法則は、〈いずれの図書にもすべて、その読者を〉(Every book its reader)です。この原則もシンプルです。この法則は、「図書」(Every book)の側からアプローチし、いかにしてその本を利用者(reader)に届けるのかという側面を指摘したものです。

そのため、ランガナタンは、この法則の要求を満たすために図書館で採用されている種々の方策について述べています。開架制、書架排列、目録、レファレンスサービス、新聞・雑誌室の開設、広報、拡張サービス（朗読、翻訳、講演会、展示など）などがそれです。本（資料）を検索し易く、入手しやすくするために図書館が採るべき方策を論じたこの章は、極めて具体的です。

その第一は「開架制」です。利用者が直接書架に接して資料を選ぶことができる開架制は、「Every book」が、それぞれにふさわしい「reader」の手に届く最も適切な接架方式です。ランガナタンは、それは、店舗における商品陳列と同じだとして、開架制と店舗との類似性について、次のように述べています。少々長めですが引用します。[58]

図書館が第三法則に忠実であるならば、開架制を採用しないで、請求されてはじめて本をお見せしましょうかと申し出るというようなことは、ばかげたことであり効果的ではない。それはまるで、繁盛している商店が、品物の入った木製の戸だなに鍵をかけて、その品物が売れるのを期待するようなものである。すべての商品がお客の手に入るようにしたいと願う商店は、小さな商品に至るまで完全な開架制を実施する。（略）そのやり方はすべての人びとを潜在的なお客とみなし、あらゆる品物の買手を見つけるように気を配る方法であり、明らかにお客を店内でくつろがせるのである。（略）まさに開架のすべての図書について読者を得たいと願う図書館は、同様の方法を採用するべきであろう。

ランガナタンは、既述したように、図書館の立地場所について「商品を売ろうと思う機敏な商人は、人気のある寺の周辺に店を建てる。商売繁盛を願うコーヒー店主は、ビクトリア・ホテルのような大きな学生ホテルのそばに喫茶店を開く(略)。図書館の場合も同じである。人がいつも集まる場所は、いずれも図書館の有力な候補地である」と述べていました。店舗を含めたこうした経営的手法に基づく例示の先見性に驚きを禁じ得ません。しかも、一九二八年のイギリス統治下のインドにおいてです。

資料の保存と利用スペースが一体であるこの開架制は、図書館利用に際しての制約が少なく、学校図書館では必須の要件です。あらゆる学年の子どもにとって利用しやすい方式です。子どもたちは最初から読みたい本を決めて図書館に来るとは限りません。書架を行き来しながら、あれを読もうかこれを読もうかと、求める本を探します。また手に取った本が、自分の「求め」に合致しているか否かを確認します。目次を見たり、パラパラとページをめくったりしながら、そして時には同種の資料を読み比べ、見比べしながら。そうした営みを通じて、自分にふさわしい「一冊の図書(資料)」を発見するわけです。開架制は、そうした営みを担保する優れた方式です。それぞれの図書(Every book)が、それぞれのふさわしい利用者(reader)に届くのに適切な接架方式なのです。

また開架制は、図書館利用者の利用記録を図書館のデータに残さないという点において、利用者の心理的圧迫を避けるという利点があります。閉架制の場合は、図書の利用の際に目録などを検索手段に用いて資料を検索し、資料請求票に、請求者名、書名、請求記号など必要事項を記入し、その資料請求票を図書館員（担当の先生など）に渡すことになります。その際、その請求票が図書館に残ることになります。

しかし、どの本を利用したかを他者（図書館員にも）に知られたくない利用者はたくさんいます。本は「紙とインク」でできていますが、著者の思想（思い）の体現物です。学校図書館でも、学年が上がるに従いそうした傾向は強くなりがちです。その点、開架制は（貸出の際は、貸出記録を図書館に残すことになりますが）、閲覧の場合はそうした記録を残さなくて済みます。心理的圧迫を避けて利用することができるのです。

二　書架排列、目録

ランガナタンは、開架制であっても「書架上の図書の排列の原理次第[59]」によって、第三法則のねらいが達成されないことがあるといいます。それは排架の問題です。「Every book」が、無秩序に書架に排列されている状態では、求める本（資料）の検索、入手は困難になります。それを避けるには、先ずは排架が重要な課題であり、それを担保するために、主題別による図書の分類が重要なのです。

今日、わが国の多くの公共図書館では、その分類は日本十進分類法（Nippon Decimal Classification NDC）に基づき行なわれています。学校図書館も学校図書館の発足の頃に刊行された『学校図書館の手引』（文部省、一九四八年）でＮＤＣが推奨されたこともあり、この分類方式は全国の学校図書館に普及しました。分類方式が、学校図書館から公共図書館（大学図書館）へと共通の方式として連動することは、子どもの図書館利用を容易にすることにつながります。

ランガナタンは、書架排列についてもさらに細心の注意を払っています。新着書架、再配置、ショー・ケース、書架の高さなどです。

「「新鮮さ」が注意をひく重要な要因[60]」についても論じています。「新鮮さ」、それは図書館にとって、今も昔も変わらない「重要な要因」です。学校図書館も同様です。「新鮮な本」は子どもを図書館に引き寄せるのです。その本を、一定期間特別扱いして「新着書架」に排列することは、子どもの図書館利用を促がします。

「再配置」。「書架上の図書を時々再配置することは、人と図書との新鮮な接触をつくりだすことに役立つ」といいます[61]。今日の学校図書館に引きつけて考えるなら、テーマ（課題）に対応した資料の「別置」です。その「再配置」（別置）によって、書名だけでは、見落とされがちな資料の利用価値が一躍高まります。これまで「陽の目」を見なかった資料が顕在化することがあるのです。また書架の最下段に排架されていた資料が、選び出されて輝くこともあるのです。これまで一見、「自分の図書館には資料がない」と思い、子どもや教師の資料要求にも及び腰だった姿勢が、別置の作業を通して自館の資料を改めて知ることになり、積極的な資料提供へとつながる契機にもなるのです。

「書架の高さ」にも言及しています。「図書が読者をとらえる機会に対して決定的な影響を与える、もう一つの重要な要因は、図書が容易に手にとどくかどうかという点である」[62]、と述べています。学校図書館の場合、書架の高さはそれなりに考えられているように思いますが、図書館が狭いために止む無く椅子を持ち出さなければ届かないような高さの書架があります。そうした書架の本は極端に利用が低くなります。逆に、小学校低学年の場合には低書架が必要です。ときには寝転がって読むスペースも必要です。「書架の高さ」も、それぞれの図書（Every book）が、それぞれにふさわしい利用者（reader）に届くための重要な要件なのです。

「目録」についても述べています。書架上の排列が上手に工夫されても、求める図書を探すには不十分です。貸出（閲覧）中や修理中の資料は探せない、また利用された資料が分類順に書架に戻されていなければ探すのは困難です。また、「薄くて目立たない装丁」[63]の本も探しにくい。図書館には、こうした本もたくさんあります。そうした場合、他の検索方法が必要です。それが目録です。

その目録は、わが国では長い間、目録カードに「日本目録規則」（Nippon Cataloging Rules、NCR）に基づき記入（目録記入）する方式（「カード目録」）が採られていました。しかし今日では、コンピュータシステムを採用した目録（オンライン閲覧目録）が主流になっています。「ＯＰＡＣ」（Online Public Access Catalog）は、その端的な事例です。文科省の調査[64]（二〇一四年五月一日現在）によりますと、学校図書館蔵書のデータベース化は、小学校七一・六％、中学校六九・九％、高等学校九〇・五％です。そして学校図書館では、そのデータを活用して貸出・返却を行っている学校は、八〇％を越えていますが、他方、そのデータを「ＯＰＡＣ」として利用し、子どもが資料検索できる状況は、まだ一般的ではありません。折角のデータベース化の環境を子どもにも利用できる工夫が求められると思います。

三　レファレンスサービス

ランガナタンは、開架、分類排列などの「物理的方法」だけでは〈いずれの図書にもすべて、その読者を〉の法則の実現には不十分で、第三法則は「図書を勧めるために人間を配置することを常に要求している(65)」といいます。「参考係職員」、いわゆるレファレンスライブラリアンの重要性です。

そして、経験を積んだ参考係司書は、「本能的に利用者を図書に結びつけ、また逆に、図書が、しばしばその図書に魅せられる利用者を教えてくれる。彼は自分の属するコミュニティのことを知り、人びとの心、気質及び主要な関心に精通している(66)」といいます。

今日、レファレンスサービスとは「調査研究を目的として資料や情報を求めている利用者に対して、図書館員が仲介者的な立場から、求めている資料や情報を提供あるいは提示することにより、利用者を援助するサービス(67)」と理解されています。利用者と資料や情報を結びつけるサービスで、図書館の積極的・能動的サービスです。そのサービスにより、利用者は課題を解決するとともに自分の思考の枠をさらに広げることができるのです。その過程で「本はすごい！」「図書館はすごい！」との思いも抱くのです。

学校図書館では、これまでは、レファレンスサービスはそれほど一般的ではありませんでした。なぜなら、「問」と「答」が一直線の「知識や情報の獲得」（記憶中心）型教育では、「なぜ？」「知りたい」「調べる」という発想は出にくかったからです。しかし、「知識を教え込むことになりがちであった教育から、自ら学び、自ら考える教育への転換」（中央教育審議会答申、一九九六年）が求められている今日、主体的に学ぶための学習方法や課題探究学習を内実化するレファレンスサービスは、学校図書館における重要な情報サービスとしてその意義が高まっています。特に「自ら学び」「自ら考える」という行為は、知識や情報の一方的な注入と言う受動的学習方式によっては実現しません。こうした行為には、新たな知識や情報の入手、そして創造という営為が内在化されています。それだけに、知識や情報の入手・創造と結びついたレファレンスサービスは、こうした学習や思考過程を担保する優れた情報サービスです。そして、こうしたサービスを通じて、子ども自らが「レファレンス能力」を身に付け、求める情報を検索できる「力」を身に付けることができるのです。

四　広報

「図書館の存在と図書館が提供する各種のサービスについて市民に知らせるために、公立図書館でも商社と同じように、よくよく工夫された宣伝が必要である[68]」。

「商社と同じように」ということばが印象的です。「いずれの本」（Every book）をそれぞれの「読者」（reader）に結び付ける媒介として「広報」が重要だとの指摘です。その具体的例示は多様です。一般的な広報に加えて、新聞、一枚新聞、図書館報、ウインドウの展示、ラジオ、ポスター、そして職員による話です。その事例は、今日においては、印刷技術、通信技術の飛躍的発展によって一層拡大をしています。

その広報を、学校図書館に引きつけて考えてみるなら、広報には次のような視点が必要です。第一は、対象の明確化です。広報が「誰」に対して行われるのかを明確にすることです。もちろん、自校の子どもと教職員がその対象であることは言うまでもありませんが、利用者像を平均的に捉えるだけではなく、それぞれの広報ごとに必ずどこかで個別的な利用者の顔が思い浮かぶような計画を立てるべきだと思います。利用者の立場から言うなら、「あの館報が私の興味に合致した。だから図書館に行くようになった」、そう思うような企画を立てたいものです。そうした個別的対象の積み重ねが、確実に図書館利用者の心を摑んでいくのです。

第二は、企画内容が利用者の興味を引きつけるもの、換言すれば利用者の興味と関心に応えるものでなければなりません。どんなにすぐれた企画であっても、利用者の興味と関心に応えられないものは、図書館側の一人よがりでしかありません。ただ、そのことは利用者の即時的要求にのみ応えて、その質を顧みないことを意味するものではありません。ただ、学校図書館は授業との不可分性を求められつつも、時にはそれとの一定距離を保つことが可能な学習環境でもあります。そこには、利用者の興味や関心に多様な形で応えうる点が多々あるのです。

第三は広報に個性を持たせるということです。個々の人間に個性があるように、個々の学校図書館も個性を持ちたい。蔵書構成でそうした個性を出すこともできるし、施設や設備、あるいは図書館サービスで個性を出すこともできます。しかし、広報はそうした個性が最も発揮しやすい機会です。学校の個性（教育目標、教育課程、私学なら建学の精神など）にあわせた広報もあり得るし、企画を担当する係教師や係生徒の個性の発揮も十分に期待できます。さらには、地域の行事や地域の話題とタイアップした企画も考えられます。こうした幾つかのファクターを意図的に組み合わせるなら、広報はその都度「独自性」をもったものとなると思います。

そしてこの「広報」という手法には、利用者、それも「潜在的利用者」（reader）にも「いずれの図書」（Every book）を届けるための方策が内在化しているのです。

第五節　〈図書館利用者の時間を節約せよ〉（第四法則）

一　「時間」という視点から図書館サービスを

ランガナタンの第四法則は、〈図書館利用者の時間を節約せよ〉（Save the time of the reader）です。この法則は、第二法則〈いずれの読者にもすべて、その人の図書を〉と同様、利用者の側からのアプローチで、「時間」という観点に特化した法則です。具体的には、閉架システム、書架排列、書架室内の案内、目録記入、書誌、レファレンスサービス、貸出方法、職員の時間、図書館の立地など多岐にわたり、図書館利用者の「時間」の問題からアプローチしています。それらの内のいくつかを取り上げます。

第一は、閉架システムについてです。閉架制が採られていた時代は、本の検索は目録に依拠しており、そのシステムは利用者に多くの時間の損出を生み出しました。それが開架制の採用へと結びつきました。「Save the time」です。

第二は、書架室内を案内する各種のサインです。利用者は多くの本の列に当惑し、「必要とする本を納めている書架にたどり着く前に、多くの時間を浪費することになるかもしれない」[69]。だからランガナタンは、平面図、棚見出し、図書ラベルなどが重要だといいます。「Save the time」です。しかもラベルの位置は書架上に一直線に並ぶように。利用者の目を疲れさせない。「Save the time」です。

第三は、レファレンスサービスです。利用者がこなせる水準の図書を速やかに取り出す、利用者にグレード別の読書コースを細かく立ててやる、「Save the time」です。

第四は、貸出方法です。貸出には貸出記録をとる必要がありますが、その記録の要件は、貸出(返却)日、貸出図書名、利用者に関する三点です。ランガナタンは、インドのほとんどの図書館では、日誌と貸出簿を利用した方法が採られていたが、この方式は同時に一人の利用者しか利用できないので、混雑時には利用者の時間を失うことになったといいます。そのため、「二枚カード」(Two-card) 方式による貸出方式が提唱されています。二枚のカードとは、図書の表表紙の内側に糊づけされたブックポケットに挿入された一枚のブックカード、もう一枚は利用者各自に図書館から交付される貸出券です。今日でいう「ブラウン式」に近似した方式です。(70) この方式による貸出手続きの簡略さが、「Save the time」につながるのです。

こうした法則のいくつかは、第三法則〈いずれの図書にもすべて、その読者を〉のなかで論ぜられたことです。それを改めて「時間」(「Save the time」)という視点から見直したのです。図書館業務は膨大にありますが、それらの業務の一つひとつを「時間」という視点から捉えかえすことは、図書館に新しい息吹を与えるものです。それぞれの本の提供(という視点)を、読者の「時間」の節約(という視点)から捉えかえしたのです。

二　情報要求への備え――「Save the time」――

ランガナタンの第四法則〈図書館利用者の時間を節約せよ〉は、今日極めて重要な法則になってきたように思います。今日の社会は、膨大な情報に囲まれた社会です。洪水のように情報が溢れ出ている社会です。そうした社会では、情報の検索手段(媒体)も多様化しています。紙媒体(図書)を手段とするか、それともGoogleやYahooなどのようなネット(net)媒体を手段とするのか、人びとはその検索方法を、その都度変化させつつあります。そのとき、入手したい情報の目的や内容によって入手媒体を選択するのは当然ですが、同時にどの媒体を利用すると「時間」を節約できるか、いわば「求める情報を素早く」入手できるのかも媒体選択の大きな要因です。

しかしネットによる検索が、必ずしも素早いとは限りません。検索語を入力すると膨大なサイトが出てきます。そのサイトの一つひとつを読み、その正確さ、妥当性、自己への適合性を見分けるには、時には多くの時間を費やすことにもなりかねません。ですから、素早くを実現するためには、求める情報に合致した情報源として何を使えば良いのかを理解しておくことが大切なのです。

求める情報と情報源の適合性です

そのため図書館員に求められることは、情報源の特質をよく理解しておくことです。特にレファレンスサービスの際には、情報源の特質を理解しておくことが大切です。紙媒体（レファレンスブック）で検索するのが妥当なのか、ネットで検索するのが妥当なのか、あるいは両方で検索できるのか、そうした検索方法を普段から理解しておくことは、サービスを求める利用者の時間を節約することにもつながるのです。

また時間を節約するためには、当該地域に所属する人びと（コミュニティ）のニーズをこれまで以上に知ることも大切だと思います。そのために、当該コミュニティの様々な属性（産業構造、就労状況、人口構成、保健・医療・介護、福祉、子育て、教育、生活インフラ、自然環境、住宅・道路・公園、さらには町内会や自治会など）を下に、コミュニティの人たちの情報要求を把握することです。いわば、利用者の求める情報をその属性から事前に把握しておくことです。それぞれの属性は、それぞれ個別の情報要求を持っているのです。そうした要求に的確に素早く応えること、そうした備えが「Save the time」につながるのです。

それは、学校図書館も同様です。日々の教科学習は、毎年、学年・教科、学期によってほぼ同様な内容で展開されます。ですから、そうした展開に対応した情報を事前に収集し、教科学習への対応をしておくことは可能なのです。そのためにも、自校の教育課程の展開を考慮した「備え」が求められます。学校図書館利用者に対する「Save the time」です。

三　「学び方の学び」――「Save the time」の視点から――

利用者の多くは、当該図書館にどんな蔵書があるかを始め、それらの蔵書（資料）の組織化の方法も検索方法についても多くの知識を有していません。ＮＤＣという分類の技法を知る利用者はあまりいません。それだけに、図書館としては各種の検索システム（ＯＰＡＣを始め書誌・目録類など）を用意し、さらにそれらの利用方法を利用者に案内・誘導できる体制を整えておくことが求められています。

「Save the time」。特に今日の社会は、「財」も重要ですが「時間」もまた重要です。図書館を利用して求める資料にたどり着くのに多くの時間がかかるのでは、図書館利用を躊躇します。できるだけスピーディに求める資料を手にしたいのは子どもも同じです。特に今日の子どもは、とても忙しく時間に追われています。それだけに、すばやく資料を検索できる図書館固有の技術を子どもたちにもわかりやすい形で提示することが大切になってきます。図書館資料の組織化、資料検索の方法を指導することはもちろん、ＮＤＣによる書架への案内、各種のサインが適切に示されていることとは、「時間を節約する」重要な方法です。もちろん、担当教師による適切なアドバイスも「時間を節約する」方法です。

しかし特に、「調べる」学習をする際には、物理的なサイン（ガイド）だけでは資料の入手が困難なことがあります。大学の講義で、高校時代に教師から「図書館で調べ物をするように」と指示された学生が、「図書館に放り込まれた」との感想を述べたことがあります。事前に「調べ方」の指導を受けていないのです。「放り込まれた」学生は、館内をあれこれ回り、何冊かの資料を手に取りますが、調べられずに終わることが多々あります。困惑するだけです。指導者の「不作為」は子どもに困惑をもたらします。そして、「時間」だけが過ぎていき、目的を達せられないのです。図書館で適切に資料を検索するには、図書館固有の技術を習得する必要があります。そうした技術の習得が結果的に「時間を節約する」ことにもなるのです。そして「時間を節約」するためには、「学び方の学び」の習得が大切になるのです。

わが国の教育は長年にわたり、知識の一方的注入に傾斜した教育が行われてきました。しかし、そうした教育は、一九七〇年代の中頃からその問題性が指摘されてきました。そうした問題性を早くから提起してきたのは、実は学校図書館人です。今から、約三十年前に（一九八五年）、全国学校図書館協議会提言委員会が出した『学ぶものの立場にたつ教育を』という一冊の教育改革に関する提言書があります。そのなかに次のような指摘があります。[71]

私たちが忘れてならないことは、（略）いい内容を教えることが大切だという「学習内容の民主主義」は強調されても、何が真実かを学び手自身に追究させ、発見させることを大切にしようとする「学習方法の民主主義」が、学校教育にはなおほとんど根を下ろしていないという事実である。

「学習方法の民主主義」は、「学び方の学び」と深く関連しています。自分で情報（知識）を検索、加工・分析する術がなければ、学習方法は一方的な情報（知識）の受容になってしまいます。しかし術があれば、情報（知識）の獲得へとつながっていきます。「学習内容」を豊かにするには、「学習方法」のあり様が問われなければならないのです。そして、その技術は、求める情報を「時間節約」して求めることでもあるのです。

「学び方の学び」と関連して、「学び方」の重要性の指摘が近年、教育行政関係の文書にも見られるようになりました。文部科学大臣が、次の学習指導要領の改定に当たって、中央教育審議会に諮問した文書[72]（「初等中等教育における教育課程の基準等の在り方について」二〇一四年十一月二十日）には、子どもたちが「自ら課題を発見し、その解決に向けて主体的・協働的に探求し、学びの成果等を表現し、更に実践に生かしていけるようにすることが重要である」と指摘した後に、次のように述べています。

そのために必要な力を子供たちに育むためには、「何を教えるか」という知識の質や量の改善はもちろんのこと、「どのように学ぶか」という、学びの質や深まりを重視することが必要であり、課題の発見と解決に向けて主体的・協働的に学ぶ学習（いわゆる「アクティブ・ラーニング」）や、そのための指導の方法等を充実させていく必要があります。こうした学習・指導方法は、知識・技能を定着させる上でも、また、子供たちの学習意欲を高める上でも効果的であることが、これまでの実践の成果から指摘されています。

三十年前に学校図書館人が指摘したことを今、文部科学大臣が指摘して、その方策を求めているのです。そして、こうした指摘をするに至った背景について、この文書には「我が国の子供たちについては、判断の根拠や理由を示しながら自分の考えを述べることについて課題が指摘される」との分析もされています。

しかし「判断の根拠や理由を示す」には、何よりも子ども自らが調べ、自らが「納得」して解決への道を発見する術を身につけることが必要だと思います。図書館の出番なのです。「学び方の学び」の出番なのです。そして、その「学び方」を学ぶことによって、求める情報を素早く入手できるのです。それは、ランガナタンのいう「Save the time」にもつながることなのです。

第六節　〈図書館は成長する有機体である〉（第五法則）

一　「部分」と「全体」、そして「成長する有機体」

ランガナタンの第五法則は、〈図書館は成長する有機体である〉（A library is a growing organism）です。この法則は、これまでの法則と異なっています。この法則のカギは、図書館が「有機体」（organism）であるということにあります。しかも「成長する」有機体だということです。「有機体」、これまでの叙述のなかでは、突然という印象です。その「有機体」について、ランガナタンは次のように言います。(73)

成長する有機体のみが生き残るであろうことは、一般に認められた生物学上の事実である。成長することをやめた有機体は、そこで止り、消滅していくであろう。（略）成長する有機体は、新しい物質を取り入れ、古い物質を捨て去り、大きさを変え、新しい形を整える。

その「有機体」の語義を国語辞典で調べると、「生命現象をもっている個体、つまり生物」（『大辞林』第三版）とあります。そしてランガナタンは、図書館を生命体の一つとして考えていました。進化論を例にとり「これらの形態の変化すべてを通じて存続してきた一つのことは、生命という一大原理であった」と述べています。そして「それは図書館についても同じである(74)」と。

しかし「有機体」は、第二の語義をも有しています。その国語辞典によりますと、さらに「有機体においては各部分が互いに関係をもつとともに全体との間に内面的な必然的連関をもち、単なる部分の寄せ集めではない一つの統一体をつくる」とあります。別の国語辞典にも第二の語義について「多くの部分が一つに組織され、その各部分が一定の目的の下に統一され、部分と全体とが必然的関係を有するもの」（『広辞苑』第六版）と解説されています。キーワードとして、「部分」と「全体」ということばが出てきます。

この場合、「成長する有機体」における部分とは何なのでしょう。ランガナタンは、その点をはっきりと述べています。「有機体の成長する主要な部分（略）、それらは、図書、利用者及び職員である[75]」と。

この第五法則において、これまで登場してきた「Books」「his or her book」（図書）、そして「Every reader」「reader」（利用者）が、改めて登場してきたのです。そして、その「book」と「reader」を結びつける要として職員が登場してきたのです。その具体的な説明として、ランガナタンは、次のように述べています[76]。

利用者がいない図書（館…筆者追加）のコレクションは、本のない利用者のグループと同様、図書館とよばれる資格がない。適切な利用者と適切な本を、適切なときに、適切な方法で効果的に結びつけることを知っている職員のサービスがなければ、単に本と利用者が並んでいても、図書館とはなり得ないということを、はっきり認識しなければならない。

「有機体の成長する主要な部分（略）、それらは、図書、利用者及び職員である」。しかし、全体は単なる部分の集合体でもないでしょう。また全体と部分は、相対的なものであり、全体と部分が固定されているわけでもないでしょう。各部分がどのような部分であるかにより、形成される全体も規定され、また反対に全体が部分を規定することもあるのです。そうした部分と全体とが、相互関連をもちながら「成長をつづける」のです。図書館を「有機体」として位置付けるだけではなく「成長する」（growing）有機体と位置付けたのには、そうした意味が含まれているのではないでしょうか。

第五法則は、その成長の姿について、図書、図書館施設（書庫と備品、書架、サイン）、目録と分類、利用者と図書の貸出、そして職員などについて説明しています。資料や職員の充実、建物の拡張、利用者の増加です。部分の成長が他の部分の成長にも影響を与え全体を形成し、次にその全体が各部分を成長させていきます。まさに「有機体」です。生物における成長そのものです。図書館もそうした転変を遂げ、有機体としての成長を続けるのです。

ランガナタンは、最後の章で「成長する有機体」（図書館）の姿を提示しました。しかし、その最後の章は、「成長」をさらに大きく進めるために、改めて「Books」や「Every reader」から図書館を再検討してみることの必要性を問いかけているようにも思われます。すなわち、読み進んできた

第一章から第四章に今一度立ち戻ってみることです。すると、各章で述べられた諸原則が、「成長する」図書館の姿を構築していくための哲学を提示し、合わせてその具体的方途を示していることがわかります。ここにも「部分」（各法則）と「全体」（第五法則）の関係を読み取ることができるように思います。

二　学校図書館も「成長する有機体」である

「だれでも教育を受ける資格があるだろうか」」、ランガナタンは第二法則〈いずれの読者にもすべて、その人の図書を〉で、そう問いかけました。そして、「本は教育の道具」であるとも述べていました。

それだけに、第五法則の根底には、「すべての人に教育を」、そのために「すべての人に図書を」という考えが潜んでいるように思います。もちろん、その教育は「学校教育」に留まらず、人が人として成長していくときに必要な「あらゆる場所、あらゆる機会」での教育です。人間は、成長・発達の途上で、様々な機会、様々な場所で、様々な人と巡り合い、「育ち、育てられる」のです。しかし、様々な教育の根底に位置するのは学校教育です。ですから、「すべての人に教育を」は、「すべての子どもに学校教育を」です。そして「すべての子どもに本を」は、「すべての子どもに学校図書館を」です。

学校図書館は、学校に付設された学習環境です。その意味において、学校（「全体」）の「部分」

です。しかし、その部分は学校教育（全体）において大きな意義を有しています。学校図書館法は、「学校図書館は、学校教育において欠くことのできない基礎的な設備である」（同法第一条）と規定しています。学校図書館の働き（サービス）は、学校教育に「不可欠」なものと規定されているのです。このことは、有機体としての学校（全体）が、学校図書館（部分）の命を借りて「成長する」ことを意味しています。学校図書館法に規定された「教育課程の展開に寄与する」という営みは、学びの興味を深め、学びの質を高めるのです。学校教育の質を高みに導くのです。同じく同法に規定された「健全な教養を育成する」という営みは、読書を通じて「子どもたちの言葉、感性、情緒、表現力、創造力を啓発するとともに、人としてよりよく生きる力を育む」[77]（「子ども読書年決議」参議院、一九九九年）ことにつながるのです。学校図書館機能の発揮を通じて、学校教育（子ども）は「成長」するのです。

そして、その学校図書館自体も「成長する有機体」です。学校教育を支えつつ自ら成長する有機体なのです。そのためにも、学校図書館の主要な「部分」である「図書、利用者及び職員」に大きな配慮が払われなければなりません。先ずは図書です。その整備がなければ学校図書館は、「栄養素を欠いた有機体」と同じで成長が期待できません。既述した「学校図書館図書整備」の充実は重要な要件です。

学校図書館を構成する「人」も極めて重要な要素です。「人」の代表は、司書教諭、学校司書ですが、その他にも、学校図書館の係り教諭、図書委員会を指導する教諭（顧問教諭）、学校図書館ボランティア、そして、担任教師や教科担任も「人」を構成する要素です。そして、学校管理者である校長や教頭も「人」の重要な一員です。さらには、当該自治体の教育委員会の学校図書館担当者も、学校図書館のあり様に大きな影響を与える「人」の一員です。

その「図書（資料）」と「人」によって、〈図書は利用するためのものである〉（第一法則）ことになるのです。すなわち、「Every reader」のものになるのです。そして、その「Every reader」が図書館を支えて、さらに図書館は「発展」をつづけるのです。

三　最後に——ランガナタンについて——

ランガナタンが『図書館学の五法則』を出版したのは一九三一年です。その頃のインドは、一八五八年から始まるイギリスの植民地下にありました。その年（一九三一年）わが国は、満州事変を契機に、その後につづく長い戦争の入り口に立っていました。インドが長い独立運動の末、独立を果たしたのは一九四七年、第二次世界大戦後のことです。

未来を描くには、希望を胸に抱かなければなりません。インド独立を指導したM・K・ガンディ（一八六九—一九四八）は、「非暴力、不服従」という形で、多くのインドの民衆に抵抗の姿を示しました。その「非暴力抵抗」が、インドの未来を切り開いていったのです。

丁度そうした抵抗が続いていた頃、同書は刊行されました。そのときでさえ、ランガナタンは〈すべての人に図書を〉という法則の優位性を訴えていました。ランガナタンは、常に図書館に大きな希望を抱いていました。「だれでも教育を受ける資格」があると信じ、その教育の道具が「本」であると思っていました。「教育」が社会を変革し、「本」がその教育を支えると思ったからです。

一九二九年、インドで最初の図書館学の夏期講座がマドラス図書館協会の世話で開設されました。「図書館学の五法則」が誕生した翌年です。そのときのことをランガナタンは、「インドにおける始まり」と題し、次のように述べています。(78)

われわれは希望を抱いて生きている。インドでも小さな動きが始まっている。その苗木ともいうべき図書館学の夏期講座が(略)開設された。移植の機が熟したとき、(苗木は…筆者注)マドラス大学の肥沃な庭に植え替えられた。(略)願わくば若木がますます成長しますように！そして、その果実の収穫が、ヒマラヤからコモリン岬(インド最南端、インド洋に突出する岬…筆者注)までの土地を豊かにしてくれますように！

ランガナタンが植えた苗木は、大きく育ちたくさんの果実を生みました。その苗木とその果実は、「ヒマラヤからコモリン岬」を越えてさらに広がりました。世界各地に広がりました。もちろん、この日本にも。

注

（1）S・R・ランガナタン著、森耕一監訳、渡辺信一、深井耀子、渋田義行共訳『図書館学の五法則』（日本図書館協会、一九八一年）二七頁。

（2）同書、二七頁。

（3）同書、一九―二一頁。

（4）同書、二二頁。

（5）なお五法則の英語は、今まど子編著『図書館学基礎資料』第十二版（樹村房、二〇一五年、六四頁）によっている。

（6）『図書館学の五法則』については、日本図書館協会より、JLA図書館実践シリーズとして、二点の「解説書」が出版されている。竹内悊解説『図書館の歩む道――ランガナタン博士の五法則に学ぶ――』（二〇一〇年）、竹内悊編『「図書館学の五法則」をめぐる一八八の視点――「図書館の歩む道」読書会から――』（二〇一二年）である。前書は「五法則」の「大まかな解説書、案内図」（三頁）であり、後書は前書の読書会の「報告書」（三頁）である。後書からは、一冊の本（『図書館学の五法則』）が、多面的な視点から読まれていることを改めて知ることとなった。本書の執筆に当たり、両書に多くを学ばせていただいた。感謝申し上げたい。

（7）前掲『図書館学の五法則』二七頁。

（8）同書、二七―二八頁。

（9）水谷長志『図書館文化史』（図書館情報学の基礎十一）（勉誠出版、二〇〇三年）三〇頁。

（10）同書、二九頁。

（11）前掲『図書館学の五法則』二八頁。
（12）同書、三二頁。
（13）「図書館主幹当局」とは、前掲『「図書館学の五法則」をめぐる一八八の視点――「図書館の歩む道」読書会から――』によると、「館種にかかわらず、図書館政策の立案、人事、予算などにかかわる図書館の上部機構のメンバーと、実際の管理・運営に当たる館長や部・課長を含む人たち」（二八頁）と解説している。
（14）前掲『図書館学の五法則』三二頁。
（15）同書、三四頁。
（16）「北見市」（http://www.city.kitami.lg.jp/docs/2015120700028/）（参照二〇一六年二月十日）。
（17）もちろん、立地場所「のみ」で来館者が多くなるわけではない。北見市立図書館も蔵書や施設・設備を充実し、サービスの向上を図ってきたこれまでの成果があったから新館に多くの来館者があったのは言うまでもない。
（18）「学校図書館施設基準」は、全国学校図書館協議会のホームページに掲載されている。
（19）「中学校施設整備指針」は、（http://www.mext.go.jp/component/b_menu/shingi/toushin/_icsFiles/afieldfile/2014/07/25/1350225_05_5.pdf）（参照二〇一六年二月七日）。
（20）教材センター構想に関するある座談会（一九六一年）で、司会を務めた全国学校図書館協議会事務局長（松尾弥太郎、当時）の発言。「教材センター論をめぐって（座談会）」『学校図書館』一九六一年五月号、全国学校図書館協議会、一六頁。
（21）前掲『図書館学の五法則』四四頁。
（22）同書、三九頁。

（23）同書、四八頁。
（24）同書、四九頁。
（25）同書、五一頁。
（26）同書、五七頁。
（27）同書、五八頁。同書はつづけて「単なる学識だけでは図書館員はつくれない」（五八頁）、として、専門的教育の必要性を力説している。
（28）同書、六九―七〇頁。
（29）同書、七九頁。
（30）この「ユネスコ公共図書館宣言」は、日本図書館協会のホームページに掲載されている。
（31）前掲『図書館学の五法則』八三頁。
（32）同書、八三頁。
（33）芦部信喜『憲法』第六版（岩波書店、二〇一五年）二七三頁。
（34）佐藤幸治『憲法』新版（現代法律学講座五）（青林書院、一九九〇年）五四五頁。
（35）前掲芦部『憲法』二七四頁。
（36）学校図書館が整備すべき図書については、文部省の「図書標準」とは別に、全国学校図書館協議会が、他のメディアも含めた数量基準を制定している。「学校図書館メディア基準」（二〇〇〇年）である。それによると、小学校十二学級（十八学級）、中学校十二学級（十八学級）では、それぞれ一万九九二〇冊（二万三八八〇冊）、二万七三八〇冊（三万六二二〇冊）となっている。
（37）「平成二六年度「学校図書館の現状に関する調査」結果について」（http://www.mext.go.jp/a_menu/shotou/

dokusho/link/1358454.htm）（参照二〇一六年二月七日）。

（38）この「五カ年計画」は、何度かの「五カ年計画」を経て、現在は二〇一二年度から開始された新たな「五カ年計画」により、総額約一〇〇〇億円（単年度約二〇〇億円）が措置されている。

（39）『読売新聞　東京』（二〇一〇年三月六日）は、「〇九年度地方交付税で想定した額のうち、約八割しか図書購入に回らなかった」、また個別の県については、『北海道新聞』（二〇一〇年五月二十九日）は「〇九年度の道内の予算化率は四九パーセント」と報じている。

（40）前掲『図書館学の五法則』八六頁。

（41）同書、八四頁。

（42）同書、八九頁。

（43）同書、一〇〇頁。

（44）同書、一〇五頁。

（45）日本図書館協会図書館調査事業委員会編『日本の図書館　統計と名簿　二〇一五』（日本図書館協会、二〇一六年）二〇頁。

（46）前掲「平成二六年度「学校図書館の現状に関する調査」結果について」（参照二〇一六年二月七日）。

（47）D・アーカート著、高山正也訳『図書館業務の基本原則』（勁草書房、一九八五年）四頁。

（48）前掲「平成二六年度「学校図書館の現状に関する調査」結果について」（参照二〇一六年二月七日）。

（49）「子どもの読書活動の実態とその影響・効果に関する調査研究　報告書［概要］」（http://www.niye.go.jp/kanri/upload/editor/72/File/kouhyouhappyou.pdf）（参照二〇一六年二月七日）。

（50）「我が国と諸外国の若者の意識に関する調査」（二〇一三年度）内閣府「特集　今を生きる若者の意識〜国

際比較から見えてくるもの～」（http://www8.cao.go.jp/youth/whitepaper/h26gaiyou/tokushu.html）（参照二〇一六年二月二十五日）。そのなかで、「社会現象が変えられるかもしれない」と答えた日本の若者の割合は三〇・二％である。この回答率は、調査対象国（七カ国）中最も低い。対象となった「若者」とは、十三歳から二十九歳の男女である。
(51) 前掲『図書館学の五法則』一三〇頁。
(52) 同書、一一七―一一八頁。
(53) 「在監者」とは、旧監獄法（一九〇八年、明治四十一年制定）における刑事施設（「監獄」と称されていた）に収容されていた者のことをいう。
(54) 『判例時報』第一五九号（日本評論社、一九五八年）六頁。
(55) 金沢みどり『図書館サービス概論』（ライブラリー図書館情報学五）（学文社、二〇一四年）一四六―一六九頁。
(56) 同書、一六五頁。
(57) 野口武悟「特別支援学校における学校図書館の現状（一）（二）」『学校図書館』二〇一四年七月号、四五―四九頁。二〇一四年九月号、三五―三九頁（いずれも全国学校図書館協議会、二〇一四年）。
(58) 前掲『図書館学の五法則』二四一頁。
(59) 同書、二四三頁。
(60) 同書、二四四頁。
(61) 同書、二四四頁。
(62) 同書、二四四―二四五頁。

(63) 同書、二四六頁。
(64) 前掲「平成二六年度「学校図書館の現状に関する調査」結果について」(参照二〇一六年二月七日)。
(65) 前掲『図書館学の五法則』二四九頁。
(66) 同書、二五〇頁。
(67) 前掲『図書館サービス概論』九一頁。
(68) 前掲『図書館学の五法則』二五二頁。
(69) 同書、二七四頁。
(70) 同書、二九〇頁。
(71) 全国学校図書館協議会提言委員会編『学ぶものの立場にたつ教育を――二一世紀を生きる教育　教育改革への提言――』(全国学校図書館協議会、一九八五年)二〇頁。
(72) 「初等中等教育における教育課程の基準等の在り方について(諮問)」(http://www.mext.go.jp/b_menu/shingi/chukyo/chukyo0/toushin/1353440.htm)(参照二〇一六年二月九日)。
(73) 前掲『図書館学の五法則』三〇五頁。
(74) 同書、三〇五―三〇六頁。
(75) 同書、三〇六頁。
(76) 同書、三〇六頁。
(77) この決議は、『学校図書館・司書教諭講習資料』(第七版)(全国学校図書館協議会、二〇一二年、六六―六七頁)に所収。
(78) 前掲『図書館学の五法則』六二頁。

第三章　資料を軸に学校図書館の「満足度」を考える

——変えることは、変わること——

第一節　読書と人生

一　「人生を変えた本」――あるアンケートより――

「私が人生を知ったのは、人と接したからではなく、本と接したからである」。

読書の素晴らしさ、読書が人生に及ぼす影響の大きさを語る名言は限りなくあります。人間は、外からの様々な「刺激」を受けて成長・発達するのだから、そうした刺激のなかに、読書も含まれることは至極当然なことです。冒頭のことばは、フランスの詩人、小説家、批評家で名高いアナトール・フランス（一八四四―一九二四）のことばです。(1)

「本が人生の何たるかを教えてくれる」。本にそんなに大きな力が潜んでいるのだろうか？　そうした「力」を垣間見ることができるアンケートがあります。「朝日新聞」（二〇一二年七月十四日）に掲載された「人生を変えた本と出会いましたか」（「be between 読者とつくる」）というアンケートです。十代以下から七十代以上の人が回答しています（回答者数三〇三八人）。

私は、大学で司書教諭資格の取得を目指す学生に、資格取得に必要な科目の講義を担当しています。その講義で学生に、このアンケートを素材に、何度か「これまでに、君の人生を変えた本に出会ったことがある？」と質問したことがあります。「そんな感動的な本を読んだことないです」「そんな本に出会いたいです」と答える学生がいる一方、「あります！」「その本は今でも鮮明に覚えています！」と答える学生もいます。「あります！」の学生のなかには、自らその「感動」を語る学生もいます。

ところで、そのアンケート結果は、「はい」は四二％で、「いいえ」は五八％でした。私の印象としては、約半数の人が「はい」と答えたことに少々驚きました。そしてアンケートは、「はい」の人に、その本を「いつ読んだ？」かを質問しています。十代以下四四％、二十代二五％、その後の比率は急速に減少し七十代以上は五％になっています。

「はい」の人に、「どんな影響を受けた？」かについても質問しています。上位の三点は、生き方の目標を見つけた（四七〇人）、新しい発想に気づいた（二六四人）、未踏の分野にはまった（二〇〇人）です。

本には、すごい「力」があるのだと改めて思わされました。本は、読む人のその折々の心模様に応じて心を揺さぶるのです。本は、人生に悩んでいる人には「生きよう！」という力を与え、出口が見つからなくて困惑している人には「飛翔」の翼を授けてくれるのです。


読書というものは、その時に応じて読み方に深浅がある。自分のその時に置かれた環境で、読み方が深くなったり、浅くなったりする。


『氷点』『銃口』などの名作の作者三浦綾子（一九二二―一九九九）のことばです。

「人生を変えた本」、同じ本でも万人に同じ思いを届けるわけではありません。個々人は、年齢差もあれば生活体験も違います。そしてその瞬間に何に悩み、何に喜び、何に感動したのかも違います。そうしたもろもろの違いのなかで、それぞれが出会った一冊の本、その一冊が「人生を変える本」になるかもしれないのです。

たくさんの子どもに、そうした「出会い」があればと思います。多くの人との出会いが、人生の分岐になることがあるように、一冊の本との出会いが、それぞれの子どもにとっての分岐となり道標となって欲しいと思います。そして、その本を通して、「世界」を広げていって欲しいと思います。でも子どもは、そうした本にどのようにして「出会う」のでしょうか？　書店で購入する、友人・知人から借りる、親などから買ってもらう、そして公共図書館や学校図書館で借りる。本の入手方法は一様ではありません。

しかし、今日の経済状況の下、子どもが親から本を買ってもらうことはそう日常的ではないように思います。「平成二十六年国民生活基礎調査の概況」(2)（厚生労働省）による「各種世帯の生活意識」では、児童のいる世帯は「大変苦しい（三二・四％）」「やや苦しい（三五・〇％）」を含めて、六七・四％が生活の苦しさを感じています。また、近年社会的にも大きな問題になっている「子どもの貧困率」（十七歳以下）は一六・三％に達しています(3)（二〇一二年、厚生労働省）。六人に一人の子どもが「貧困」状態にあり、この比率は経年増加傾向を示しています。もちろん、その原因は家庭の貧困です。「相対的貧困率」も、同年（二〇一二年）には一六・一％に達しています。

親は、子どもに本を買ってあげたい、本を読ませたい。そう思っても必ずしもそうならない家庭があり、全ての子どもが、ひとしく本と出会うのはそう簡単ではありません。しかし、本に人生を変える「力」があるなら、家庭の経済状態にかかわらず、どの子どもにも本を届けたいと多くの人は思います。そう考えたとき、その機会を身近な所でどんな子どもにも平等に提供する教育環境があることに気づきます。それは学校図書館です。学校図書館は、その規模の大小はありますが、必ず学校に設けなければならない「欠くことのできない基礎的」な教育環境です（学校図書館法第一条）。あの町のこの町の、どこの町の学校にも設置されている図書館、それが学校図書館です。学校図書館は、子どもの「学び」と「育ち」を支えるセーフティネットでもあるのです。ですから、子どもと本との出会いは、学校図書館を抜きにしては考えられません。

そこで本章では、子どもの「満足度」と学校図書館資料との関係を軸に、学校図書館について論じてみたいと思います。

第二節　利用者の要求を把握できない？

一「利用者の要求を把握できない」

学校図書館のあり様をどのような視点から考察するかは、学校図書館を考える際に、重要なことです。本章では、学校図書館資料が、利用者である子どもの要求に応え得る資料になっているかを軸に、学校図書館を検討してみたいと思います。でも学校図書館は、そもそも子どもの要求（満足度）にどの程度応えているのでしょうか？

イギリスの図書館学者に、D・アーカート（Donald Urquhart）という人がいます。[4] 彼は、「図書館運営の基本原則」として十八の原則を提唱しています。その二番目に、次の原則が示されています。

情報提供システムが、その利用者の要求に応えられなくとも、原則として、それは明らかにならない。

「図書館は、利用者の要求に応えていなくても、そのことを把握できない」というのです。熱心に学校図書館運営に携わっている多くの担当者は、「そんなことはない」と思うかもしれません。あるいは「そうなのかな～」との思いを抱くかもしれません。でもこの考えは、学校図書館にも当てはまるかも知れません。「居心地がいいな」「素晴らしいな」と思われる学校図書館を創りたいと思っているのに、その学校図書館が子どもの「満足」を満たしていないかもしれません。そこで先ずは、「図書館評価」という点から、そのことを考えてみたいと思います。

図書館経営論を論じたある本には、「評価のための統計と指標」が詳細に説明されています。代表的な業務統計（資料、サービス、資源）、主要な評価指標（蔵書新鮮度、貸出密度、実質貸出密度、蔵書回転率）、国際的な標準規格、評価のための特別な調査、など多岐にわたって図書館の業務やサービスの評価について解説されています。そして更に、こうした「業務やサービスの総体としての図書館そのものの評価も必要である」、すなわち「ある図書館が他の図書館より良いのか劣っているのか、その図書館のサービスが現在改善されつつあるのかどうかを知ることは、図書館評価の重要な目的の一つである」と述べています。

しかし、こうした図書館評価は、統計（計量）的尺度で測ることが可能なのでしょうか。その点について、同書はさらに、図書館評価には「業務やサービス別の計量的な尺度も部分的には利用できるが、さらに主観的、感覚的な要素も加えた総合的な評価も必要であろう」と論じています。統計（計量）的調査だけではなく「主観的、感覚的」評価も必要だというのです。[5]

そして、つづいて「そのような図書館の良さをはかる単一の使いやすい尺度はあるのか」と自問し、「結論としてはそのような単一の尺度はない」、そして「提供した図書館サービスがその利用者に有効な結果をもたらして、はじめて、その図書館サービスは価値があったといえる」と述べています。[6]「単一の尺度はない」、「計量的な尺度」「主観的、感覚的な要素」を加えた総合的な評価。利用者の満足度をはかることはそう簡単なことではないようです。

全国学校図書館協議会は「学校図書館評価基準」（二〇〇八年）を制定しました。学校図書館の基本理念から始まり、経営、担当者、メディア、施設・環境、運営、サービス、教育指導・援助など十四項目に分けて、学校図書館経営を細かく点検・評価しようとしたものです。しかし「評価」そのものについては、「学校図書館担当者による内部評価のほかに、担当者以外の教職員、児童生徒、保護者や地域の人々による外部評価も可能な限り」必要であり、その評価法についても「チェック

法、質問紙法、面接法等（略）複数を組み合わせ」つつ客観的なデータを得ることの重要性を指摘しています。(7)

個々の図書館の業務やサービス（あるいは図書館総体）の評価をすることは、そう容易ではないようです。それだけに、アーカートの指摘、「図書館は、利用者の要求に応えていなくても、そのことを把握できない」という指摘に、先ずは耳を傾けてみたいと思います。

二　満足度の変動性

子どもは、それぞれがある利用目的をもって来館します。好きな本を読みたい、授業の課題を調べたい、あるいは日常生活での疑問を解決したい、さらには「何か面白い本はないかな」と、来館目的は様々です。さらに一人の子どもの来館目的も、時と場合によって異なります。読書目的もあれば調べもの調査もあります。

そのとき、子どもが目的の本（資料）を入手できれば「ＯＫ」です。多くの場合は、そのようになっていると思います。しかし、入手できなければどうでしょう。そのとき、利用者（子ども）は、「残念」「そうか」「やっぱり」との思いを抱いて図書館を去るかもしれません。

しかし、アーカートはいいます。注意をしなければならないことは、図書館は利用者にどれだけの満足感を与えたのか、あるいは失望させたのかを容易には把握できないと。なぜなら、図書館のサービスは、利用者のニーズに合致しなくても、それは一般には表面化しない（一般のサービスとは異なっている）からだと言います。そこでアーカートは、次のように警告しています[8]（要旨）。

潜在的な利用者が図書館に何かを期待して行ったにもかかわらず、その期待を満足させることができずに帰ってしまうことがあまりにも頻繁にある。さらにまた図書館が、その利用者の期待を裏切ったとか、失敗であったとかに気づいていないこともよくある。（しかし、図書館員が知っておかなければならないことは…筆者注）問題はそこで終わらないということである。利用者が望んでいるものを得ることができなければ、図書館サービスの将来の利用に影響する。すなわち、このようなことが続くなら、潜在的利用者を非利用者にしてしまうのである。

図書館への「不満足」が、「潜在的利用者を非利用者にしてしまう」との指摘は、想像に難くありません。しかし、図書館利用に対する満足感がなくても、多くの場合その様子は顕在化しにくいのです。先ず、「図書館は、そんなものかもしれない」との思いを持てば、不満は外形的には表れません。しかし、「そんなものなのか、そんなものでないのか」は、その子どものそれまでの図書館利用体験と深くかかわっています。教科担任（学級担任）が学校図書館を利用する授業を展開した経験を多く持つ子どもは、図書館の「力」を実感することができます。また、学校図書館資料を様々な場面で紹介され、利用した経験のある子どもは、「図書館の素晴らしさ」を知ることになります。

しかし、それにもかかわらず、注意をしなければならないことは、子どもにとっての学校図書館の利用体験は、「自分が通っている学校図書館の利用体験」だということです。他の学校図書館の利用体験は（転校などの場合を除けば）、ほとんど（あるいはまったく）ないのです。ですから、子どもには自館（自分の学校の学校図書館）の図書館サービスが豊かであるか否か、本（図書館資料）が多く所蔵されているか否かを比較検討することは、そう簡単なことではないのです。ですから、図書館への満足度が高くなくても「学校図書館はそういうものなんだ」と思うことがあるのです。

大学の講義で、学生に「学校図書館の利用体験」を質問することがあります。その体験は、本当に様々です。豊かな図書館利用体験のある学生の話を聞いていた別の学生は、「学校図書館ってそうなの！」と驚くことがあります。「僕（私）には、そんな経験ないな」。そうした学生は多数います。そして、そうした学生の多くは、「学校図書館はこんなもの（自分の利用体験）だ」と思っていました。それだけに、他の学生の話を聞いて、改めて学校図書館の可能性を考えるようになります。

私たちは、様々な公共施設や商業施設（お店）などを日常的に利用していますが、特に商業施設（たとえばお店）で「失望」しても、他の施設（お店）で代替ができます。時には、失望して悪態をつく客もいますが、それは稀で多くは他のお店で失望を解消することが容易にできます。当該のお店に対する失望感はあっても、自分自身の満足感は他の方法で得ることができるわけです。

しかし図書館は違います。その街の図書館は、多くの場合他に代替はありません。「唯一」です。それは、学校図書館も同様です。その子どもが、自分の学校図書館に「失望」したとしても、他の学校図書館で代替することは容易ではありません。そして、その失望を心に秘めたまま図書館を立ち去ることがあるかもしれません。そのことが、図書館利用者を「非」図書館利用者へと追いやることがあるのです。

でも、「期待をしている」ときは、何らかの行動（質問など）をとるものです。お店に行って、店員の方に、「○○の商品はないですか？」とか「他の類似の商品はないですか？」と尋ねるときは、その店に自分の求める商品があることを期待して尋ねています。期待をしないときには、そのまま立ち去ることが多いと思います。学校図書館も同じです。資料（本）を入手できないのに、何も言わないで立ち去る利用者がいる場合は要注意だと思います。ですから、学校図書館も、利用者（子ども）に失望を与えないような細心の注意と工夫が求められています。

しかし、何をもって図書館の満足度を判断したら良いのでしょうか。その判断の視点が大切です。しかしその視点は、館種によって異なります。それは、それぞれの図書館の目的が異なるからです。たとえば公共図書館は、「図書、記録その他必要な資料を収集し、整理し、保存して、一般公衆の利用に供し、その教養、調査研究、レクリエーション等に資する」と規定されています（図書館法第二条）。ですから、「一般公衆」が、図書館を利用することによって、「教養、調査研究、レクリエーション等」に役立っているか否かが、公共図書館利用に関する満足度に影響を与えるのです。

それでは学校図書館はどうでしょう。学校図書館は、子どもの「学び」と「育ち」を支援する教育環境です。その法的表現が、「教育課程の展開に寄与する」「児童生徒の健全な教養を育成する」という学校図書館法の目的規定です（同法第二条）。ですから「満足度」は、こうした目的がどの程度達成されたかにかかっています。例えば、子どもは学習に必要な資料、興味・関心に応える資料を入手できたか、それは学校図書館資料の整備状況と深くかかわっています。また、入手のためにどれだけの「時間や労力」を要したのか、それは図書館サービスの量と質にかかわっています。「人」（図書館担当者）の問題です。

また満足度は、固定的ではありません。得られる（与えられる）サービスの量と質によって変化します。「満足度の変動性」です。量が増え質が深まることにより満足度は螺旋的に高くなっていきます。「図書館はすごいな！」との思いが高まっていくのです。そうすると、図書館利用は多くなり、図書館に求める内容も変化し、満足度のレベルも高くなるのです。今まで得ていた満足度では満たされなくなるのです。図書館担当者が満足度の高い図書館を創り出すと同時に、子ども自身がそうした図書館を創り出す大きな要因でもあるのです。

「満足度の変動性」、学校図書館は、その変動性を一層高めつつ利用者の満足度を高めるには、どのような視点に基づいて学校図書館を運営したら良いのでしょうか？　そのことを考えていきたいと思います。

第三節　蔵書構成は「満足度」の入口・出口（一）

――「学び」を支える資料の選択――

一　「資料」と「人」

図書館の「満足度」を考える際の最も重要な視点は図書館資料（本）です。既述したアーカートの「図書館運営の基本原則」の第一は、「図書館は利用者のためのものである」ですが、この原則には何よりも図書館資料の重要性が含まれているように思います。そこで本章では、図書館資料（本）の視点から、満足度について論じたいと思います。

しかし図書館資料を論ずるにも、「人」の役割を抜きにしては論ぜられません。図書館資料は、求める利用者に求める資料が手渡されて、始めて資料として「生きる」わけです。そのためには、「人」がいなければなりません。「人」のサービスがなければ、資料は利用者の手に届かないわけです。図書館存立の前提は資料の存在ですが、「人」の存在なくして学校図書館運営は不可能です。どんなに膨大な資料があっても、その資料が適切に分類、装備、配架されていなければ、求める資料を入手することは容易ではありません。また資料の存在場所を示すサイン、図書館内の環境・雰囲気あるいは備品などの整備状況、これらは図書館を心地よく利用できるための重要な要件ですが、そのためには「人」が不可欠です。

そして何よりも、「人」による直接的サービスがどのように行なわれるかは、図書館利用に対する満足度と密接に結びついています。「人」がいることにより、利用者の資料要求に対する日常的なサービス、読書相談、利用相談、レファレンスサービスなどが可能となるのです。利用者は、求める資料が図書館のどの書架に配架されているか、あるいは求める情報がどの資料（本）に載っているかを必ずしも知っているわけではありません。また、「何を読もうかな？」と特定の図書を決めないで来館する子どもも多くいます。そうしたとき、これらの利用者に、ふさわしい資料を提供する「人」のサービスがあれば、図書館に対する信頼感と親近感、そして満足度は格段に高まるのです。「図書館っていいな！」との思いは高まるのです。「人」の力です。

アーカートは、第三番目に、「供給は需要を創る」[9]という原則を掲げています。「図書館サービスの供給はその需要をつくりだす」というのです。この原則は、直接的には「人」のことに言及しているわけではありませんが、「人」にも適用できそうです。「供給が需要をつくりだす」のです。企業（商店）にとって、商品が売れないときに買手（需要者）を恨んでも意味はありません。売手（供給者）が変わらなければならないのです。学校図書館も同じです。学校図書館自身が変わることにより、子どもは学校図書館を利用するようになるのです。その変わるための条件は、資料（本）のあり様であり、「人」によるサービスのあり様です。そして「資料」と「人」、これらはみな供給側にある要件です。その要件を変えることにより、利用者である子ども（需要者）の変化を生み出すことができるのです。満足度は変動し、満足度はより高くなるのです。「変えることは、変わること」なのです。

本章では、利用者の満足度と関連し主として図書館資料（本）を軸に論じますが、同時に「人」のサービスの重要性についても論じたいと思います。

二　選書の重要性

図書館存立の前提条件は「記録化された資料」、いわばその象徴としての「本」の存在です。図書館という用語の由来がそのことを雄弁に物語っています。『図書館学概論』[10]などによりますと、「library」（図書館）という英語は、ラテン系の語のliber（樹皮、これを乾燥して書写に用いたので本を意味する）からきており、それが本の置場を意味するlibrariumの語を生み、現代の「library」になったのだそうです。また、ドイツ語の「Bibliothek」（図書館）、フランス語の「bibliothèque」（図書館）などは、ギリシア語のbibliothēkēに由来しています。そしてこの語は、biblion（書物）＋thēkē（置場）に由来しています。こうした語源からすると、図書館は先ずは「本」、そしてその「置場」（貯蔵庫）としての施設が、重要な構成要素であることがわかります。

また、日本語の「図書館」の「書」は、「竹や帛＝絹織物に書すること、現在の本」を意味しています。こうした図書館の語源を見ても、図書館にどんな資料が収集され、保存・提供されるかは、いずれの図書館にとっても「基本の基」です。

それだけに、図書館の満足度は、所蔵している資料の質と量に依拠するところが大きいのです。そして、多くの図書館は、資料収集費と資料収蔵能力という二つの制約を抱えており、資料は選択的に収集することが宿命づけられています。それゆえ、資料の選択的収集（選書）は、いずれの図書館にとっても入口の問題であり、利用者の満足度との関連で出口の問題でもあります。学校図書館も同様で、どのような視点で資料を収集するかは、各学校図書館の入口であり、利用者である子どもの学校図書館満足度と深くかかわっています。

その「選書」とは、「どの特定資料を図書館蔵書に加えるべきかを決定する過程[11]」と定義されています。すなわち、膨大な資料群のなかから、有限の図書費の費用対効果を勘案しながら、どのような観点で、個別の資料を図書館資料として選択するかという過程です。そしてまた、個々の選書の結果として構築された蔵書群は、当該図書館が目的意識的に構築した、いわば当該図書館の意思の結集としての「構築体」（蔵書構成）です。そして、図書館サービスの質はこの構築体の内容にも大きく依拠しています。それは、学校図書館も同じです。選書の結果として構築された蔵書は、学校図書館満足度のバロメータでもあるのです。

それだけに、この選書という仕事は大変に重要な仕事です。自分の学校（自校）の学校図書館が置かれた位置をきちんと理解していないとできない仕事です。そして、学校図書館の主たる利用対象である「児童又は生徒」（学校図書館法第二条）、すなわち子どもに、ふさわしい資料が収集、提供されているかが問われる仕事です。こうしたことを前提に、先ずは教育課程の展開とかかわる選書（資料の収集）について考えてみたいと思います。

三　「教育課程の展開」とかかわった選書

（一）「教科書的知」をさらに豊かに

「教育課程の展開」に寄与する選書をするには、先ず何よりも、自校の教科学習がどのように展開されているかを把握することです。何学年のどの教科でどのようなことを学習するのか、そのことをきちんと把握しておく必要があります。そのためには、学習指導要領を理解することが大事です。学習指導要領には、教科ごとに「目標」が、さらに学年ごとに「目標及び内容」が、そして「指導計画の作成と内容の取扱い」が示されています。

しかし、学習指導要領だけでは具体的なイメージを描くことは容易ではありません。それゆえ、その内容をさらに具体化するには教科書を見る（読む）ことが大切です。教科書は、学習指導要領に準拠して作成されているため、教科書を見る（読む）ことにより、学習指導要領の内容をより具体的に把握できるのです。それだけに、学校図書館担当者は、自校で使用している教科書を選書のための重要な「ツール」として収集しておく必要があると思います。さらに重要なことは、担当の教科担任や学級担任の意見を聞くことです。日々の授業のなかに、選書の際の重要な要件が詰まっているのです。

学校図書館を他の図書館と分かつ大きなポイントは、学校図書館は「子どもの学びを支える図書館」だということです。学習（授業）での課題や疑問を解決し、さらに発展させることです。子どもの日々の「学び」を図書館がしっかりと支えるために、学習材としての資料が必要なのです。

しかし、子どもの「学び」の道筋は一様ではありません。何よりも子ども自身に「個体」としての発達差があります。同一学年だからといって同じ発達をしているわけではありません。ですから、同一の教材を全員が常に同一の理解度で学ぶわけではないのです。「なぜ!」の内容が違い、「わかった!」の内容が違うのです。それだけに、指導者である教師のきめ細かな指導が必要になり、一斉指導だけではなく個別的な指導も含めた指導が必要になります。

また「学び」の道筋は、それまでの子どもの体験と深いかかわりがあります。ある調査[12]（「子どもの読書活動の実態とその影響・効果に関する調査」）によりますと、読書活動と体験活動との間には、相関関係があるといいます。「就学前から中学時代までに読書活動が多い高校生・中学生は、就学前から中学時代までの体験活動も多い」のです。

そして、読書活動と学力の間にも相関関係があります。「全国学力・学習状況調査」の結果[13]（二〇一五年度）によりますと、読書が好きな子どもの「学力（平均正答率）」は高くなっています。「読書は好きですか」の問いに対して、「当てはまる」（「当てはまらない」）と答えた小学生の平均正答率は、国語A：七四・三％（六一・四％）、国語B：七〇・九％（五三・一％）、算数A：七七・八％（六九・六％）、算数B：四八・六％（三八・二％）です。また、中学生の平均正答率は、（「当てはまる」「当てはまらない」の順に）国語A：八〇・五％（六八・三％）、国語B：七〇・八％（五七・二％）、数学A：六八・一％（五九・五％）、数学B：四六・六％（三五・〇％）です。読書の好きな子どもと「学力（平均正答率）」との間にも、強い相関関係があります。「読書、体験、学力」は、相互に関連しあっているのです。

さらに「学び」の道筋は、子どもの抱いている興味や関心とも深くかかわっています。多様で豊かな興味・関心は、教科学習の土壌で、「学び」を進める際の牽引の役割をも果たしています。「かぶと虫」に興味を持っている子どもは、昆虫の教材（小学校三年生理科）を学習する基礎的要件を備えています。興味・関心があれば、「なぜだろう」「もっと知りたい」と、積極的、主体的に「学び」の範囲を広げ、その質を深めていくことにつながります。教科学習の背後には、授業を根底から支え、発展させる要素である子ども一人ひとりの疑問や興味が横たわっているのです。

もちろん、子どもがそれまでにどのような「情報環境」にあったのかも、「学び」にとっての大きな要因です。情報洪水のなかで、情報に流されるような生活はよくありませんが、人間関係や社会的関係のなかで入手した情報、様々なメディアを介して入手した情報、どのように入手したのか、その情報の質（内容）も「学び」に大きな影響を与えます。もちろん、そうした情報のなかには、活字メディアの代表である本も含まれます。ですから子どもは、それまでにどんな本に接してきたのか、そしてその本から何を感じたのか、その内容も「学び」と深くかかわっています。

子どもが「学び」とどう向き合うのか、その向き合い方は一様ではありません。だから、そうした「学び」に対応した多様な学習材が必要なのです。そして、そうした学習材が、集中的に収集、管理され、求めに応じて提供される学習環境が学校図書館なのです。どんな子どもにも、平等に求める資料（学習材）が提供され、子どもの成長・発達を支援するのです。

教科書は、知識や情報（いわば、人類の知的遺産）を子どもの発達段階に応じて系統的に順序立てて記述した教材（「主たる教材」）です。その系統性は、学問の系統性を基本としています。しかし、人間の知的興味・関心は、時には縦横無尽に拡散し、それらは複合的に相互関連をなしています。子どもの興味・関心も同様（それ以上）です。「なぜなの」「知りたい」の内容は、相互に関連していきます。そうした拡散、複合化によって、子どもの「学び」の世界は広がり、それが「教科書的知」の理解をも豊かにするのです。そのためにも、学校図書館が資料を選択する際は、教科書の「知識や情報」のみに依拠するのではなく、その周辺をも含めた多面的な資料を選択することが重要になってきます。

ですから、学校図書館における選書は、そうした子どもの「要請」に応えるものでなければなりません。そして、そうした様々な配慮を加えられた選書は、結果として子どもの学校図書館に対する満足度を高めることになるのです。そこで次に、学校図書館資料の選択について、具体的にある教科書を事例にしながら説明したいと思います。

（二）小学校六年「社会科」を事例に

『新しい社会六年上』（東京書籍、二〇一四年四月四日検定済、二〇一五年二月十日発行）を題材にとってみます。この教科書では、「長く続いた戦争と人々のくらし」という項目のなかで、日中戦争、第二次世界大戦、太平洋戦争、戦争中の生活、空襲、そして原爆の投下と戦争の終わり、などが説明されています（一二八―一三九頁）。

そしてこの教科書には、「調べる」という項目（日中戦争、戦争の拡大、戦争中の生活、空襲による被害、戦争の終結）があり、さらに「まなび方コーナー」があります。この「まなび方コーナー」には、「図書館を利用する　戦争に関係する本を読む」との課題が示されており、次のような例が示されています。

・図書館でこのときの戦争を題材にした本を探《さが》す。
・国語の教科書でしょうかいされている本なども参考にする。
・日本以外の国々では、どのようなことが起きたかも調べる（「アンネ・フランク」や「杉原千畝《すぎはらちうね》」の本などを読んでみる）。

当然、学習者である子どもは、「調べる」として例示された項目を様々な方法で「調べる」こととなります。しかし、この時代のことを「体験者」から直接聞くことは、今日では極めて困難であり、また実物資料を展示する博物館（資料館）もどの町にもあるわけではありません。そうすると「調べる」手段は、「本」（活字メディア）が中心となります。街の図書館が重要となり、自校の学校図書館が不可欠となります。特に自校の学校図書館に、課題に関する豊富な資料が用意されているなら、子どもはその資料を利用して「学び」を発展させることが可能となります。

そのためには、学校図書館には「このときの戦争を題材にした本」「国語の教科書でしょうかいされている本」がなければなりません、そして、それらが授業の展開に合わせて用意されなければなりません。さらにこうした過程で、「アンネ・フランク」や「杉原千畝」を読んだ子どもは、ナチス・ドイツ、ヒットラー、アウシュヴィッツへと関心が広がることがあると思います。そのとき、そうした学習にふさわしい資料もまた必要になるでしょう。

ユダヤ人少女アンネ・フランク。そのアンネに関連する本は多数出版されています。ナチスの迫害を逃れ、家族らと隠れ住んだアムステルダムでの十三歳から十五歳までの二年間の生活を記録した日記（『アンネの日記』）も『完全版』（文芸春秋）が出ています。

ナチス・ドイツの迫害によりポーランドなど欧州各地から逃れてきたユダヤ人避難民らに、大量のビザ（日本通過査証、「命のビザ」）を発給したことで知られている杉原千畝（駐リトアニア領事代理）についても多数の本が出ており、小学生向きには『杉原千畝物語』（杉原幸子、杉原弘樹、金の星社）が出版されています。

また、教科書に載っている数々の写真や図のなかの「満州へ移住した人々」（一三〇頁）、「戦場となったアジア、太平洋の地域」（一三二頁）、「戦争へ行く人」（一三三頁）、「特攻隊《とっこうたい》」（一三三頁）、「集団疎開」（一三五頁）などをさらに調べていくなら、日中戦争を始めとするアジアでの戦争の様子や戦時中の生活の一端を知ることとなります。その過程で「戦後七十年」は、満州事変から始まった戦争の終結（敗戦）が起点となっている、そのことに思いをはせる子どももいると思います。そして、改めて「あの戦争」の実相を知りたいと思う子どももいると思います。

そして、こうした「学び」は、現実社会の動向と結びつきつつ発展をしていきます。天皇、皇后両陛下は、今年（二〇一六年）一月に、第二次世界大戦の激戦地であったフィリピンを訪問されました。そして、アキノ大統領主催の晩餐会にあたり、お言葉を述べられました。そのなかに、次の一節があります(14)。

昨年私どもは、先の大戦が終わって七十年の年を迎えました。この戦争においては、貴国の国内において日米両国間の熾烈（しれつ）な戦闘が行われ、このことにより貴国の多くの人が命を失い、傷つきました。このことは、私ども日本人が決して忘れてはならないことであり、この度の訪問においても、私どもはこのことを深く心に置き、旅の日々を過ごすつもりでいます。

フィリピンは、太平洋戦争で日米の戦場となり、「没した日本人は約五十二万人にのぼる。フィリピンの住民の犠牲は（略）日米両軍の戦いに巻き込まれるなどして、約一一一万人が死亡(15)」しています。この地において、先の大戦で命を落とした人は膨大な数に上ります。「私ども日本人が決して忘れてはならない」（「お言葉」）歴史の真実なのです。

教科書と教師の説明で満足していた子どもが、教科書と教師に導かれながら、そして現実社会の動きに触れながら学びを広め深めていきます。そうすると当然にも、「知りたい」「学びたい」、その内容が変容していきます。「満足度の変動性」です。当然そうした子どもの要求を満たすような資料が必要になってきます。満州事変から始まるアジア・太平洋での戦争、さらには第二次世界大戦に関連する多様な資料、しかも多様な観点に基づく資料が必要となってきます。授業と連動し、個々の教師の指導と連動し、そして学習者である子どもの興味・関心と連動した資料選択（選書）が必要になってきます。そうした選書が、学校図書館への満足度を高めていくのです。

「そうなんだ！」「先生は、こういうことを説明してくれたんだ！」「でも、どうしてこうなったのだろう？」。納得と了解、その後に湧く新たな疑問や興味。次の資料（本）を読みたくなるわけです。満足度は、螺旋的に高まり（「満足度の変動性」）、「学び」は拡大・深化するのです。学校図書館が、子どもの「学び」を支えていくのです。

四　地域と共存する

また、子どもがどんな本を求めているかは、時代によってあるいは当該学校が立地している地域によってそのニーズは異なります。現行の「学習指導要領解説（総則編）」は、「教育課程編成の一般方針」のなかで、「地域」への考慮について次のように述べています。

> 地域には、都市、農村、山村、漁村など生活条件や環境の違いがあり、産業、経済、文化等にそれぞれ特色をもっている。このような学校を取り巻く地域社会の実情を十分考慮して教育課程を編成することが大切である。

そうするなら、教育課程の展開に寄与する学校図書館は、地域の現状を把握しながら資料の収集をしなければならないことになります。

今日、地方自治、地方分権、地域再生が重要な政治的、社会的課題になっています。各学校は、自校が置かれている地域の諸課題と直面しています。そして、子どもは、地域（ふるさと）を支える主人公として、地域自治の担い手として成長することが期待されています。その意味において、地域の問題は当該地域の子どもの問題でもあります。それだけに、教科学習においても地域の未来を展望できるような視点が求められます。そのためには、子どもは自分が住んでいる地域の「来し方」「今」を知り、「これから」を展望することが大切です。特に「来し方」「今」に関する資料が必要です。

そうした資料を収集しているのは公共図書館です。公共図書館は、郷土資料、地方行政資料を収集し、「学校教育を援助」することを図書館奉仕の一つに掲げています（図書館法第三条一項一号）。しかし、町村立図書館の設置率は五五・一％です[16]（二〇一五年四月一日現在）。半分の町村に図書館がありません。そして、地域の困難な課題を抱えている自治体には町村が多いのです。それゆえ、子どもは地域の課題を公共図書館を通じて知ることができないのです。それは、地域の住民にとっても同様です。地域自治の担い手として子どもを育てたい、大人（保護者）も子どもとともに地域のことを考えたい、そのためには資料が欲しい。しかし地域に公共図書館がないのです。そのときこそ、学校図書館の出番なのです。そうした観点からも学校図書館には、「学校を取り巻く地域社会の実情」（学習指導要領解説）を知るための資料を整備しておくことが必要なのです。そうした資料の「力」、地域住民との共同的「学び」が、豊かな教育課程の展開を支えるのです。

学校は、地域と共存することによって子育て、人育てをするわけです。そのことを、学校図書館は心しておくことが大切だと思います。そうしたことに配慮した資料収集（選書）が、子どもの成長を支援し、子どもの学校図書館に対する満足度を高めていくのです。

五　有限の資料収集費を生かすために

私は時折、学校図書館を訪問して、アドバイスをすることがあります。学校図書館のアドバイスですから当然、学校図書館内で、担当の司書教諭（学校司書）の先生と話し合いながら、様々な問題について可能な限り具体的にアドバイスし、問題点を改善できるよう心がけています。

それぞれの学校にふさわしい図書が選択されているか否かを知るには、実際に書架を回って見ることが何よりです。書架は、それぞれの学校図書館の「顔」であり「履歴書」です。そのため、司書教諭の先生と一緒に書架を回ることにしています。多くの場合は、配慮が行き届いた工夫がされ、教育課程の展開に寄与した蔵書構成になっています。

しかし書架を一緒に回っていると、書架の前で立ち止まることがあります。そうした時は、大体司書教諭の先生も同じです。例えば昨年（二〇一五年）、ある中学校図書館を訪問したときのことです。古事記から始まるわが国の古典全集（全何十巻）が配架されている書架の前です。古文と現代語訳が上下に、そしてさらにその下に小さい文字で「注」が記されています。その横には、上下二段組の小さな文字がびっしり詰まった現代文学全集が並んでいます。

もちろん、中学生でも大人と同じレベルの作品を読むこともあり、学校図書館は教員にも図書館資料を提供するわけですから、こうした全集がそうした子どもや教員用として収集されたことも十分に考えられます。ですから、これらの資料の収集が一概に「利用者のため」になっていないとも言えません。そして、中学校の学習指導要領（国語）にも「古典に関する教材については、古典の原文に加え、古典の現代語訳、古典について解説した文章などを取り上げること」と記されています。しかし、その学習指導要領に準拠して作成された中学校の国語教科書での古典教材をみると、このような大部の古典全集が学校図書館にとっての必備の資料だとは思われません。

学校図書館の書架には、このような資料が分野を問わずときどき見られます。古典全集だけではなく様々な分野で。そうした本を前にして、一緒に回っている司書教諭の先生にそうした資料の利用度を訪ねることがあります。「ほとんど（あるいは全く）利用されていません」との返事が大多数です。

学校図書館も含めて図書館の資料収集費は有限です。資料収集費に頭を抱えているのが現実の学校図書館です。文科省の調査によりますと、二〇一三年度末の「学校図書館図書標準」の達成割合は、小学校六〇・三%、中学校五〇・〇%です。[17] 約半分の学校が「標準」的な図書冊数さえも所蔵していません。また全国学校図書館協議会によりますと、二〇一五年度の「学校図書館用図書平均単価」は、小学校一六七八円、中学校一八一〇円、高等学校二〇〇六円です。[18] 学校図書館予算の少なさは重大な問題ですが、その予算により購入される資料の選択には十分な配慮が必要だと思います。

アーカートは「図書館は、費用対効果について関心を払わなければならない」と言っています（七番目の原則）。「図書館の費用と便益は金額的に比較しえない」、そのため、やむをえず図書館の効果を「非金銭的な関係で測定する」ことになると言います。[19] その「非金銭的な関係」は、利用者の満足度とも深くかかわっているように思います。投下した「費用」（資料収集費）に対して、利用者に対してできるだけの「便益」（満足度）を与えることができるような選書が大切だと思います。

有限の資料収集費という制約のなかで、一冊の資料を収集することは、他の資料の収集を諦めることとセットになっています。それだけに、有限の図書収集費は、何よりもその資料がどれだけ当該学校にとって必要な資料なのか、子どもの「学び」を支えるのに役立つ資料なのかを考慮しつつ支出する必要があります。学校図書館における満足度の向上は、「学び」を支える資料の整備に依拠することが大きいのです。

第四節　蔵書構成は「満足度」の入口・出口（二）

――「育ち」を支える資料の選択――

一「児童生徒の健全な教養を育成する」

学校図書館法は、学校図書館の目的に、「児童生徒の健全な教養を育成する」ことを規定しています（同法第二条）。学校図書館は、子どもの「学び」だけではなく「育ち」を支えることにも大きな役割を果たしています。それだけに、この規定にふさわしい資料を収集することも、子どもの満足度と深くかかわっています。

「健全な教養」を有した子どもを育てたい。この規定は、学校図書館（法）が戦後教育の所産として誕生したこととも関連しています。戦後教育は、子どもを自立的、個性的な人間として育てようとして出発しました。それは、もちろん戦前の「忠君愛国」「滅私奉公」といった教育からの訣別を伴なっていました。精神が、国家に絡め取られるところに自立的・個性的な人間、批判的精神に満ちた人間は育たないわけです。精神に対する自由性、精神の自己独立性が保障されて、個性豊かな子どもが育っていくのです。

戦後教育の歴史的転換期（一九四六年三月）に、そうした「自立的人間像」「平等に基づく人格形成」を基調としたある文書が出されました。教師向けに書かれた『新教育指針』（文部省編）です。そこには、「新日本建設の根本問題」の一つとして、「人間性の尊重」「人格の平等」「個性の尊重」

が掲げられていました。そして、これからの教育は、各人の個性を完成することが第一の目標であると記されていました。[20] ここには、その半年後（一九四六年十一月三日）に公布される日本国憲法の人権条項の「基本」が提示されているように思います。その日本国憲法は、次のように規定しています。

・「すべて国民は、個人として尊重される」（第十三条）
・「生命、自由及び幸福追求に対する国民の権利については（略）、最大の尊重を必要とする」（第十三条）
・「すべて国民は、法の下に平等である」（第十四条）

「健全な教養の育成」を掲げた学校図書館法は、その憲法公布の七年後（一九五三年）に成立しました。同法の「提案理由」（衆議院）に、次のような一節があります。[21]

学校教育におきまして、学校図書館が設置されますことにより、（略）児童生徒を指導いたしますます場合著しく便宜が供せられ、学習指導の能率が高まり、自発的学習態度が養成せられ、もつて個性の伸長と教養の向上に資することきわめて顕著なるものがあります。

学校図書館の設置によって、「個性の伸長と教養の向上」が期待されたのです。「教養」の育成（向上）は、学校図書館法の重要な観点だったのです。そして、この頃使用されていた中学、高校の社会科教科書『民主主義』（文部省）には、「民主主義の根本は人間精神の尊重」「民主主義は自由を認める」「人間の平等は社会の実益にもかなう」などのことが、強調されていました。[22]

人間性の尊重、人格の平等、個性の尊重、こうした新しい時代の精神を推し進めるためには「健全な教養の育成」が必要だったのです。そうした教養を、学校図書館を通して育成しようとしたのです。

二 「教養」概念とかかわって

しかし同法は、その「教養」の意義については何ら定義していません。一体、「教養」とは何なのでしょう。その教養という概念は、『広辞苑』（第六版）では、「学問・芸術などにより人間性・知性を磨き高めること」、あるいは、『大辞林』（第三版）では、「社会人として必要な広い文化的な知識。また、それによって養われた品位」「単なる知識ではなく、人間がその素質を精神的・全人的に開化・発展させるために、学び養われる学問や芸術など」と意義付けられています。

そもそも教養という言葉は、ラテン語のcultūra（「耕作」）（『古典ラテン語辞典』大学書院）に由来しています。そのことは、英語やフランス語で、教養を表わす単語が「culture」であることからもわかります。ですから、教養という言葉は、畑を耕し作物を育てるという意味から転じて、「心を耕す」

（「人間の精神を耕す」）ことに結び付き理解されるようになったのです。それだけに、教養という概念には、人間を「人格の完成」を目指した存在として位置づけ、そうした高みへと人間を導こうとする価値指向的意味が付与されています。

しかし、教養概念が示す「人間性・知性」「文化的な知識、品位」の内実は、必ずしも一様ではありません。たとえば、文芸評論家・片岡啓治は、教養について、次のように述べています。

私たち以上の世代では、〈教養〉という言葉をきくと、すぐ浮んでくるのは、〈真・善・美〉ということである。（略）戦時下に私が耳にしたのは、〈教養〉とはまさしく戦争と一致するものであり、〈真・善・美〉はまさに八紘一宇の理念と一つである。(23)

その片岡の幼少期に、満州事変（一九三一年）が勃発、十代の頃太平洋戦争（一九四一年）が始まりました。そしてこの頃、日本の海外進出を正当化する標語としての「八紘一宇」は町にあふれていました。

片岡はさらに、その教養について、「たてまえ」としての〈教養〉は、「決して人類的普遍につらなるようなものではなく」、「時代と文化の特殊性に限定された」きわめて「歴史的なものだった」(24)と分析しています。

そしてその片岡が、教養概念と連動して浮かべる「真善美」という概念は、『広辞苑』（第六版）

によりますと、「認識上の真と、倫理上の善と、美学上の美。人間の理想として目ざすべき普遍妥当的な価値」と解説されています。しかし、その「真善美」の内容も、一義的ではありません。

政治学の泰斗・丸山眞男は、終戦直後に「超国家主義の論理と心理」（一九四六年）という論文を発表しました。丸山は、その論文で、「国家が「国体」に於て真善美の内容的価値を占有するところには、学問も芸術もそうした価値的実体への依存よりほかに存立しえないことは当然である」と論じています。[25]「真善美」の内容は、国家によって「占有」されていた、いわば「公定」されていたとの指摘です。「国体の本義」[26]（一九三七年）が出され、国民を戦争に協力させるための運動（国民精神総動員運動）が展開されるなか、「学問も芸術も」そうした運動に総動員されたのです。

すなわち、「真善美」の内実それ自体も、普遍妥当的なものではないのです。そして、学問や芸術と深くかかわる教養もまた、その「内容は、その所有者が存在する社会の文化によって異なる」[27]もの、すなわち、歴史的、社会的に規定されたものなのです。哲学者・三木清（一八九七―一九四五）のことばを借りれば、言葉というものは「歴史を脱することのできないもの」[28]なのです。三木清は、教養について回顧した文章のなかで、「『教養』ということばのもっている歴史的含蓄」について論じています。[29]

こうした教養概念の有する歴史性、社会性は、学校図書館法における「健全な教養を育成する」との規定を考える際にも大切なことだと思います。

三 「新しい時代における教養教育の在り方について」――中央教育審議会答申――

その教養概念の理解とかかわり、「新しい時代における教養教育の在り方について」という中央教育審議会答申（二〇〇二年二月二十一日、以下、答申）があります。(30)

答申は、「教養についての共通理解」が失われかけた今日、「今後の新しい時代に求められる教養とは何か、また、それをどのようにして培っていくのかという観点」からの審議に基づき出されたものです。

答申は、大きな社会変動のなかで既存の価値観が大きく揺らぐ一方、個人も社会も、自らへの自信や将来への展望を持ちにくくなっている時代のなかで、新しい時代に求められる教養を検討し、次のような教養像を打ち出しました。

新しい時代に求められる教養の全体像は、変化の激しい社会にあって、地球規模の視野、歴史的な視点、多元的な視点で物事を考え、未知の事態や新しい状況に的確に対応していく力として総括することができる。こうした教養を獲得する過程やその結果として、品性や品格といった言葉で表現される徳性も身に付いていくものと考える。

「地球規模の視野、歴史的な視点、多元的な視点」。こうしてみると、答申でも、教養に関する一定の「価値体系」が示されているわけではありません。こうした視野や視点に基づく「見方、考え方」、未知の事態や新しい状況に的確に対応していく「力」として、教養像が提起されているのです。

そのとき、大切なことは、そうした「見方、考え方」が「単眼」に陥らないことです。単眼的な「見方、考え」に基づき培われた力は、「変化の激しい社会」に対応できる力にはなりません。特に、地球規模、歴史的問題と対面するときには、「複眼」的思考が求められるのです。そうした複眼的思考を積み重ねた結果として（あるいは、その過程で）、個々人に教養が形成され、それが「目に見えない社会の基盤」（答申）となるのです。

四　「多様な見解」との共存――教養の形成に不可欠な表現の自由――

戦後のわが国の学校図書館の形成に重要な役割を果たした文献に、文部省（当時）が編集・発行した『学校図書館の手引』（一九四八年）という本があります。そのなかに、学校図書館の意義と役割が九点にわたって論ぜられていますが、その六番目に、次のような意義が述べられています。(31)

学校図書館の蔵書は、生徒の持つ問題に対していろいろの考えや答を提供する。――かりに、教室の学習において、教師から一つの問題に対してただ一つの解決しか與えられないとするならば、生徒は自分自身でものごとを考えることを学ばないであろう。生徒たちにとってたいせつなことは、問題を理解するに役立つ材料を学校図書館で見いだし、これを最も有効に使い、自分で解決を考え出して行くことである。このようにして、かれらは、批判的にものを解決する態度を養うであろう。

『学校図書館の手引』は、文部省の学校図書館向けの「ガイドブック」ともいうべき「書」(「手引書」)です。ある論調が自分にとって好ましくないから、「そんな新聞はなくなったほうがいい」「広告などを通じて圧力をかけろ」との言説が、昨年(二〇一五年)問題になりましたが、この「手引書」には、そうした考えと対極の考えが述べられています。何が正しいかを「問題を解決するに役立つ材料」を使いながら、子ども自らの力によって「解決」していくことの重要性が述べられているのです。

「問題を解決する」には、公定された一つの資料(戦前の「国定教科書」)では不十分です。多様な見解の共存(複眼的思考)が必要です。そして、そうした多様な見解の存在が容認される社会は、「表現の自由」が保障される社会でもあります。

アメリカの憲法学者T・I・エマースン(Thomas I.Emerson)は、『表現の自由』(東京大学出版会、一九七二年)という著書を出版しています。そのなかで、表現の自由の権利を保護することによって社会が得る価値として、次の四つの価値を挙げています。(a)個人の自己実現、(b)真理への到達、(c)政策決定への参加、(d)安定と変化の間の均衡、の四つです。[32]

そして、これらの価値が保障される(表現の自由の保障)結果として、社会には「多様な見解」が

生まれるというのです。たとえばエマースンは、「個人の自己実現」について、次のように論じています。(33)

表現の自由の権利は、何よりもまず、純粋に個人としての立場における個人の権利として正当化される。それは、人間固有の目的は彼の人格および人間としての可能性を実現することである、という一般に承認された西欧思想の前提から出てくる。人は、主として彼の精神の特質によって他の動物と区別される。(略)彼は抽象的用語で思考し、言語を使用し、彼の思考や感情を伝達し、文化を形成する能力がある。彼は、想像力、洞察力、感覚力をもっている。人がこの世で自らの存在の意味と場所を見出すのは、これらの力の発達を通じてである。(略)この結果として、すべての人は(略)彼自身の信念や意見を形づくる権利を有しているということになる。そしてまた、彼はそれらの信念や意見を述べる権利を有しているということにもなる。

人間は、その有する「想像力、洞察力、感覚力」を有しているゆえ、自らの意見を形成しその意見を表明する権利を有しているというのです。

また今日の社会は、多様な価値観が併存した社会です。政治的にも経済的にも、さらには文化的、宗教的にも多様な考え方が併存している社会です。他方、その価値観の相違が戦争を生み、テロを生み、民族差別を生む要因の一つにもなっています。いや足元でも、価値観の相違は、相対立する社会的、政治的対立を生み出しています。

しかし、このような困難な問題をどのように解決したら良いのでしょうか。その一つの方法として、エマースンは、先の著書のなかで、表現の自由を保障することによって社会が得る四番目の価値（「安定と変化の間の均衡」）に関して、次のように述べています。[34] 表現の自由は「社会統制」の理論を含んでいるとの考えです。

自由な討論の原則は、より順応性があると同時により安定的な共同社会をつくりあげる手段であり、健全な分裂と必要な同意との間の不安定な均衡を維持する手段である。

不安定な社会ほど、討論によって安定化を図っていかなければならない。「討論の抑圧は、合理的判断を不可能にする。事実上それは、力をもって論理におき代えることになる」と言います。言論（表現の自由）が、不安定な社会を安定した社会に変えていくというのです。

多様な見解は、民主主義社会の健全性の現れでもあります。そして、社会が混迷するときほど自由な討論が必要です。その討論のなかで、多様な見解の是非が判断されていくのです。どの見解が、自己（社会）にとって最もふさわしい見解なのかを討論を通じて決していく、それは民主主義が試される過程でもあるのです。

ですから、子どももそうした多様な見解のなかで、自分にとってどの見解が最も妥当な見解と考えるか、そうしたことを取捨選択しながら成長・発達を遂げる必要があります。そうしたなかで複眼的思考も備わり、それがその子どもの教養となるのです。それだけに、学校図書館には「健全な教養を育成する」という観点からも、多様な視点に基づいた資料が必要です。「あの人の考え」「この人の考え」、それらを見比べ読み比べる資料が必要なのです。

特に選挙権が二十歳以上から十八歳以上に引き下げられた今日、図書館資料の複眼性は、そうした子ども（有権者）の政治的教養を育成するためにも重要なことだと思います。教育基本法第十四条は、「良識ある公民として必要な政治的教養は、教育上尊重されなければならない」と規定しています。「政治的教養」の育成は、法が規定した使命なのです。そのためには、複眼的思考が必要であり、学校図書館もそうした思考を保障するために複眼的観点からの資料の収集が求められていると思います。それだけに、図書館担当者は、子どもの興味・関心、地域の動向、時代の変化に敏感でなければなりません。「うごく社会」と直結するアンテナをいつも張っている必要があると思います。

学校図書館に豊かな資料を整えることによって、学校図書館は「健全な教養の育成」に大きな貢献をし、民主主義社会の主人公を創っていくのです。そして、その貢献が大きければ大きいほど、学校図書館に対する子どもの満足度は大きくなっていきます。「満足度の変動性」です。学校図書館が、自己形成の大きな助けになってくれた、「育ち」を支えてくれた、そうした思いを子どもが持てるような学校図書館を創りたいものです。

五 「良書」、「適書」

一体に学校図書館は、子どもにとっての「適書」よりも「良書」を選択する傾向があります。そしてそのことは、とても重要なことです。「本」の力で子どもを育てていく、これは学校図書館の基本的使命です。ですから、できるだけ「良い本」を揃えることは大事なことです。

しかし既述のように、価値観の多様化のなかで何を良書と判断するかはそう容易なことではありません。子ども自身もその保護者も、そして教師自身も多様な価値観のるつぼのなかで生きています。既述した教養概念の歴史性、社会性を考えるなら、教養ということばからストレートに良書を導き出すことは容易ではありません。そしてまた、教養の内実を「公定」する、あるいは教養の内実に「(行政)権力」が介入して、「教養」＝「良書」とするなら、それは「国民精神」の統一化を図ることにつながりかねません。

それでも尚且つ、学校図書館には、時代を経ながら長い間読み継がれてきた「本」が多数所蔵されています。「このような本を子どもたちにも読ませたい」、そう思う本も多数所蔵されています。こうした本には、「愛情の尊さ、人間への信頼」「生命の尊厳」「未来への希望、自立性・自律性」「社会的視野の確立」「科学的思考、理論的・体系的思考」などにかかわるテーマが含まれている場合が多いように思います。それらは、既述した「答申」のキーワードでもある「地球規模の視野、歴史的な視点、多元的な視点」と類似しています。教師は「心に残り、感動的な」本を子どもに読ませたいと思います。そして、これらの本は、そうした分野に入ることの多い本です。

しかし、どの本が「心に残り、感動する」かは一様ではありません。「本」は、著者の思想の体現物なのだから、「心に残ったり、感動したり」するという心的状況は、そうした著者の思想に触れることでもあります。そして、「心に残り、感動する」という心の震えは、読み手の心的状況、さらには生活体験などにも大きく起因しています。

それゆえ今日、多くの学校図書館では、選書に当たっては、いわゆる「良書主義」にのみ依拠しているわけではないように思います。例えば、司書教諭講習用のテキスト[35]にも、「できるだけ子どもの要求に対応できるように心掛ける」(小学校)、「収集には幅広い視野が必要である」「〝教科書至上主義〟の呪縛から教師を解放し」(中学校・高等学校)、などの記述が見られます。選書に対して、「良書より適書を」「子どもの要求に応える」という立場からの留意事項です。

さらに読書指導とかかわって、次の様な指摘もあります[36]。

読書指導は指導者が「良い本」(良書)を子どもにすすめて行うものだというのは短絡的にすぎる。子どもは良書であっても個性や能力にあった「適書」と出会わなければ読んだ事実だけで終わってしまう。したがって、教員は「子どもの発達にあった適書」を選んで子どもが自ら本に手を伸ばせるように動機づけ指導をすることが大切である。

ここにも「適書」の大切さが述べられています。
それでもなお、良書、適書には難しい問題を含んでいるように思います。ある中学校に学校図書館のアドバイスに訪れたときのことです。担当の司書教諭の先生から「ケータイ小説を入れるのはどうでしょうか？」と質問されたことがありました。電子メディアを介した小説が紙メディア化した「ケータイ小説」は十年ほど前に大きなブームを巻き起こしました。「学校読書調査報告」（全国学校図書館協議会）でも、数年前までは『恋空』『赤い糸』などのケータイ小説が上位に並んでいました。二〇〇七年（第五十三回）調査の分析には、「中・高校生に「ケータイ小説」人気」とあります[37]。当時、ケータイ小説を抜きにして、子どもの読書を論ずることができない状況であったことを伺うことができます。

そうしたこともあって、そのとき「子どもの希望を採り入れることは、選書の重要なポイントだと思います。この学校でそうしたニーズがあるのならいいのでは」と答えました。その先生は、その後学校図書館の仕事から離れましたが、二～三年経って再び図書館担当に復帰されました。そのとき、あまりにも図書館利用者が少ないので、私が言ったことを思い出し、数冊の「ケータイ小説」を購入し、図書館の入り口に並べたそうです。すると、すぐに借りられ、何人かの子どもを通じて「図書館に面白い本がある」との話が広まり、図書館に多くの生徒が来るようになったのだそうです。貸出統計を見せて下さいましたが、全校での貸出冊数は、その年四月からの三カ月間で前年度の六割に達していました。

「ケータイ小説」は一つの事例ですが、先の「学校読書調査報告」には、小学校四年生から高校三年生まで男女別に「五月一カ月間に読んだ本」のランキングが載っています。その上位を占めている本には、毎年登場する本もあれば、「瞬間的」あるいは「数年間」上位にランクされ消えた本もあります。子どもは、必ずしも「長く読み継がれてきた本」を好んで読んでいるわけではないことがわかります。その時々の出版状況のなかで、自分に「適した本」（適書）を読んでいるのです。

その適書が良書へと連動していくかは定かではありません。ケータイ小説についても、それをファーストフードに喩えて、少女たちは「チープな物語を消費して満足している」[38]という意見がありました。しかし「チープな物語を消費」した少女たちが向かうその先に、新たな世界が広がるか否かは、その少女が今後どのような成長を遂げていくかと深いかかわりがあります。それは、学校図書館にとっても読書指導の重要な課題であると同時に、すぐれて選書の問題でもあります。その先生も、「その次の段階」に進むための方策を考えておられました。

すでに今から十二年前に、国語力について提言した文化審議会答申（「これからの時代に求められる国語力について」、二〇〇四年）のなかでも次のような指摘があります。[39]

学校図書館の図書の利用が増えないのは、「これを読みなさい」という発想での蔵書構成になっていて、子供たちが本当に「読みたい本」を提供できていないことにもその一因があると考えられる。「良い本」「良くない本」という教職員の判断だけではなく、保護者や子供たちの意向も十分に取り入れることのできるような図書の選定方法を検討することも必要であろう。

学校図書館が良書とともに適書を選択し、子どもに提供することも学校図書館の満足度を高める要因の一つです。

その際、さらに考慮すべきは、顕在的利用者（現在の利用者）のみならず潜在的利用者（将来の利用者）の存在をも十分に考慮することです。図書館にあまり来ない利用者（潜在的利用者）の要求は予測し難い点があります。特に中学生になると、「図書館から体育館、グランドへ」、「図書館から学習塾へ」となりがちです。また「〝放課後の友〟はケータイ、テレビ、ゲーム」[40]となりがちです。

しかし読書に対するイメージは、中学生も肯定的です。読書は「良いこと」（六〇・七％）、「楽しいこと」（五七・七％）、「役に立つこと」（四九・八％）です。二〇一〇年の「学校読書調査報告」（第五十六回）の結果です。[41]この肯定感を学校図書館への肯定感へと連動させることがとても大切です。そのカギは選書であり、図書館サービスの質だと思います。

第五節　学習活動と読書活動の「融合性」

一　融合的関係に立つ学習活動と読書活動

学習指導要領は、総則（第四「指導計画の作成等に当たって配慮すべき事項」）において、学校図書館の利活用について記しています。次の部分です。

学校図書館を計画的に利用しその機能の活用を図り、児童（生徒）の主体的、意欲的な学習活動や読書活動を充実すること。

ここでは、「学習活動」と「読書活動」が別個に扱われています。学校図書館法の「教育課程の展開」「健全な教養の育成」に対応した記述だと思います。そして本章でも、学校図書館の意義を、「学び」を支える、「育ち」を支えるという二つの観点から論じています。そこで次に、この二つの「活動」の相互関連について述べたいと思います。先ず読書活動についてです。

「読書」は、ことば（文字）を介して、そのことばに内包されている諸々の世界を獲得する営みです。本を読んで嬉しくなる、悲しくなる、感動する……。目の前にあるのは「文字（ことば）」なのに、その文字が心を揺さぶるのです。ことば（文字）を通して描かれた世界に触れ、その世界に心揺さぶられるのです。また、多くの本を読むことによって、多くのことばを獲得し、そのことばが新たな領域を開拓していきます。読書とことばとは、表裏一体の関係にあります。そしてまた、その読書という営みには、既知のことばを使い、自己の体験を重ね合わせながら、新たな世界を獲得していく過程が含まれています。その結果として、それ以前とその後の自己との間に変容する自己を発見するのです。ことばと読書とは相互に関連しながら、循環関係を形成し、子どもを新たな認識の世界（自己変容）へと導くのです。

学習活動も同様です。学習は、先生のことばを「聞く」、教科書に書かれた文字（ことば）を「読む」、ことばを介して学びを深めていく営みです。その学びを通して、新たな世界へ自己を変容していくのです。そして、その学習には、様々な「知識や情報」が必要です。既知の知識や情報が多ければ、学習はより拡大、深化します。その知識や情報の多くは、文字（ことば）の結合によって成り立っています。ですから、多くの情報は文字（ことば）を介して入手することになります。ことばが豊富であれば、多くの知識や情報を得ることができるわけです。しかし同時に、学習は知識や情報を「操作」するだけでは成り立ちません。学習は想像力（創造力）とも深くかかわっています。「考える力」「導き出す力」も求められます。そして、こうした力は読書によって培われることも多いのです。

読書活動と学習活動は、ともに文字（ことば）を介した活動です。そうした特質を思うなら、両活動は別個の活動であると同時に、「融合的関係」に立つ活動でもあることがわかります。読書活動が学習活動を担保し、学習活動が読書活動の領域を拡大させていくのです。既述した「読書が好き」な子どもと「学力（平均正答率）」が高い子どもとの間に、強い相関関係があることにも、両活動の融合性を見ることができます。国語の問題は、文字（ことば）を介してそこに描かれた世界を読み解くことが中心となりますが、算数（数学）もまた数字や文字（ことば）を介して問題を読解しその「解」を見付け出していくのです。

既述した学習指導要領は、言語活動の充実を明記していますが、この言語活動の充実は、国語科といった特定の教科が取り組む課題ではなく、社会科、算数（数学）、理科などの各教科等を貫いて取り組む課題と位置づけられています。教科活動の根底に言語（ことば）があり、言語（ことば）がコミュニケーションの大きな手段であることを思うとき、全ての教科を横断して「言語活動の充実」を図ることは重要なことです。中央教育審議会答申（二〇〇八年）も、言語活動を行う際の留意点として、「言語能力を育むに当たっては、読書活動の推進が不可欠である」と述べています。

言語活動、教科横断、読書活動の推進。学習活動と読書活動は、融合的関係にあるのです。そして、そうした融合的関係を実現するのに最もふさわしい教育環境が学校図書館なのです。多様な視点、観点を含んだ多様なジャンルの図書や文献が収集、整理、提供される場としての学校図書館は、学習活動と読書活動を融合的に担保する優れた教育環境なのです。

子どもの学校図書館への満足度。それは両活動の融合的関係を理解し、それに合致した資料を収集し、サービスを展開する、こうしたことをも取り込んだ活動が展開されることによって実現するのです。

本章のテーマとしては「ささいな」ことですが、満足度の高い図書館を創るには、選書を一年間に何回行うかも重要な要素の一つです。両活動の融合性とかかわって、選書の回数についても述べたいと思います。

二　選書の回数、組織

私が、学校図書館アドバイスのために訪問する学校では、年二回が多いようです。しかし、年二回選書するか、年六回（二ヵ月に一回）選書するかは大きな違いです。先ほど紹介した「ケータイ小説」の学校で、選書の回数についても、「できるだけ多くの回数を」と、アドバイスしたことがありました。そうしたこともあり、その担当者は現在年五回の選書をしているそうです。

年二回のときは、先生方に購入希望図書を求めてもあまり反応がなかったそうですが、五回になると次第に購入希望図書も寄せられるようになったそうです。そして、「購入のスパンが短くなったので、時期にあった本を購入できる」「希望の本を短い時間で提供できるようになった」、そのことが図書館利用の増加に結びついたと言っていました。

このようなことは、本来は選書の回数にかかわらず、教育指導への支援として日常的に行われるべきことです。しかし、学校図書館と教科指導とが必ずしも結びつかない学校も多々あります。そうした学校では、教員の側も学校図書館に多くの期待を寄せません。そのため、選書に対しても積極的に関与しないことがあります。しかし、選書の回数を多くすることにより、教員の学校図書館に寄せる眼差しも変化することがあるのです。教員からすると、時々選書への協力の声がかかる、

「それではリクエストをしてみようか」となることがあるのです。その意味において、選書の回数を多くすることは、教員の学校図書館への関心を増すことにもつながるのです。

そして、半年に一度新刊が届くか、二カ月に一度届くかでは、図書館の魅力はまったく異なります。新しい本は、新しい内に子どもに届けたい、それが学校図書館の魅力を増していくのです。利用者の満足度を実現するためには、選書の回数も重要な要素になるのです。

また、選書の「組織」をどうするかも満足度の高い蔵書構成にとっては重要な要素です。選書にとって注意すべき重要なことは、選定者の恣意を排除することです。そのためには、選書が複数の人によって行なわれることが大切で、そのためにも校内に「図書館資料選定委員会」のような組織を編成する必要があります。そして、個別の学校に対応した「学校図書館図書選定基準」を制定しておくことも大切なことです。

しかし、学校図書館に対する認識度の濃淡によって、すべての学校で委員会が組織され基準が制定できているわけではありません。また、最近の学校の多くは生徒数の減少に比例して学級数も減少、そして教員数も減少しています。委員会を組織したくても、少ない教員数のなかでは困難なことも生じます。そのため、選書が司書教諭一人に委ねられることもあるのです。

そうした事態は、選書の恣意性に結び付きかねません。前述した「古典全集」は、選書に多くの人の意見が反映され、明確な選定基準が制定されていたら選書されなかったかもしれません。そうしたことを避けるためにも、「恒常的」委員会の設置が困難であれば、「臨時的」委員会を組織することも考えられます。さらにそれが無理であれば、既述のように選書の回数を増やし、その都度教職員に声をかけて協力を求めることです。

学校図書館蔵書が多様性を有して構成されるとき、多くの子どもの期待に応えることができるのです。選書の回数も組織も、そうした学校図書館創りには重要な要件なのです。

三　廃棄

本も一つの物品です。年月の経過とともに物品の多くはその使用価値が薄れていきますが、本も多くの場合、その例を免れることはできません。そして、使用価値を過ぎた「古色蒼然」とした図書館資料（本）は、子どもの図書館利用を妨げる要因となることがあります。そうした書架に、子どもは近づき難く、その近くに配架されている図書を見逃してしまうこともあるのです。図書館担当者のなかには、そうした図書の問題性を認識しながら「どうしたら良いのか」と思案する人もいます。

どうしたら良いのでしょうか？　そうした際に参考にすべき資料に、全国学校図書館協議会が制定した「学校図書館図書廃棄規準」（一九九三年制定）があります。[42]この規準は、「学校図書館において蔵書を点検評価し廃棄を行う場合の拠りどころ」を定めたものですが、そのなかに「一般規準」として、廃棄対象とする項目が四点列挙されています。次の四点です。

一、形態的にはまだ使用に耐えうるが、記述されている内容・資料・表記等が古くなり利用価値の失われた図書。
二、新しい学説や理論が採用されていない図書で、史的資料としても利用価値の失われた図書。
三、刊行後時間の経過とともにカラー図版資料の変色が著しいため、誤った情報を提供することが明白になった図書。
四、利用頻度の著しく低い複本で保存分を除いた図書。

この「一般規準」は少々抽象的です。そのため、より具体化された規準として「種別規準」が詳細に規定されています。たとえば、①百科事典・専門事典は、刊行後十年を経ているもので、補遺が刊行されていない図書、②伝記は、新資料の発見等により被伝者について評価が著しく変わった図書、などです。

私が住んでいる札幌市では、札幌市教育委員会が二〇〇七年度に定めた「札幌市小中学校図書館廃棄基準表」という図書の廃棄基準がありますが、その三番目に「利用頻度が著しく低いもの」が挙げられています。[43]「利用頻度が低い本」は廃棄対象なのです。

でも、その「廃棄規準（基準）」を知る学校図書館担当者はそれほど多くはありません。知っていても、図書館担当の先生にとっては、この本は私の前任者の時から所蔵されていた、さらにその前任者のときにも所蔵されていた、いわば「歴代」に渡って所蔵されてきた、そんな本を「私が廃棄して良いのだろうか」と思うことがあるのです。特に司書教諭歴の浅い先生にとっては、廃棄することに躊躇があります。

さらに、こうした躊躇を生む理由の一つに、「学校図書館図書標準」があります。「学校図書館図書標準」（一九九三年）とは、文部省（当時）が公立の義務教育の小・中学校の学校図書館が整備すべき学校規模ごとの図書の整備冊数を示したもので、学校図書館資料の充実に大きな役割を果たしてきました。

図書の標準冊数を「一〇〇％（以上）にしたい」と多くの自治体は考えています。しかし図書を廃棄すると、その割合が減り一〇〇％を切ることになりかねません。そうならないように、廃棄を抑制することがあるのです。一〇〇％を切るなら、その分を図書費として計上すべきですがそうならない自治体もあります。学校図書館を充実させるために設定された「図書標準」が、廃棄を躊躇させる一要因になっているとすれば、それは本末転倒です。

文科省の調査[44]（二〇一三年度末現在）によりますと、学校図書館の一校あたりの年間の購入冊数は小学校（中学校、高等学校）三〇九冊（四一五冊、四六三冊）、廃棄冊数は二五七冊（三〇九冊、四四九冊）です。全国的には、購入一〇〇冊に対して八十数冊が廃棄されています。図書館担当者は、自館の蔵書を改めて点検し、「利用者のため」の蔵書構成になっているかを見直す必要があると思います。そして、廃棄対象となる図書は、極力廃棄し「魅力的な書架」を創る必要があります。そうした書架は、子どもの学校図書館に対する満足度を高めることにつながるのです。

四　開架、閉架

蔵書の見直しがきちんとされないと、蔵書が担当者の恣意で、開架から閉架に移動されてしまうことがあります。その主たる理由は、書架が一杯のため一部の図書を別室に移動（閉架）するためです。また恣意的に閉架措置が取られることがあります。二〇一三年に起きた島根県松江市教育委員会（事務局）によるマンガ『はだしのゲン』の閉架要請措置（市内の小・中学校に対する措置）は、そうしたケースの一つです。

でも、そうした措置をとった場合、（公共図書館は別にして）学校図書館では、その図書の利用は、その後極端に減少します。すなわち保存のみの図書となりやすいのです。なぜなら、多くの学校図書館では（蔵書のデータベース化はされていますが）、蔵書を検索する手段としての目録はもちろん、コンピュータ目録としてのＯＰＡＣの用意も限定的だからです。そのため、蔵書検索は、開架された書架を行ったり来たりすることにより行なわれるわけです。そして閉架された場合、閉架書架の多くは一般の利用者（特に子ども）が利用できない位置（場所）に置かれることが多いのです。

それだけに、開架から閉架に移動するときには、よほど慎重でなければなりません。そのためにも、蔵書点検が日常的に行なわれることが大切で、同時に、「学校図書館図書廃棄規準」が必要なのです。そのことによって、不用意な閉架を避けることができます。

しかし、そのような「規準（基準）」を制定している学校も多数ではありません。また廃棄のための校内組織（図書館資料廃棄委員会）を有している学校も多くはありません。そのため、そうした「規準（基準）」や組織がない学校では、担当者の恣意によって廃棄（除籍）がされないとも言い切れません。そのため、私は学校図書館を訪問した際に、担当者に次のようなアドバイスをすることがあります。①最低年一回は廃棄作業を計画する（年度末頃）、②その際、先ず学校図書館担当者が廃棄対象図書を選び出す、③その対象図書を一ヵ所（できれば学校図書館内）に並べる、④全教職員（管理職も含めて）にその対象図書を見てもらう、⑤廃棄すべきか否かの意見を求める、⑥廃棄図書を決定する、⑦その後は、所定の手続きをとって払出しする。

こうした手続きを取る意義は、廃棄の恣意性を排除することです。特に、中学校、高等学校では、教科学習と深く結びついた図書について、その教科の担当者の意見を聞くことは大切なことです。また、廃棄対象図書を多くの教員に見てもらうことにより、改めて、教員は図書館蔵書の更新が必要なことを実感すると思います。

こうした措置をきちんと取ることによって、安易な閉架を避けることができ、「利用のための本」は、その命を保つことができるのです。そして、本当に除籍すべき本は新陳代謝の対象となり（廃棄図書）、書架は「輝き」を取り戻すことができるのです。

五　最後に「人」について

（一）司書教諭

学校図書館の満足度とかかわり、最後に「人」（司書教諭、学校司書）について若干論じたいと思います。満足度と「人」の条件整備は不可分の関係にあります。

学校図書館の仕事は、専門性を必要とする仕事です。学校図書館法第五条一項は、「学校には、学校図書館の専門的職務を掌るため、司書教諭をおかなければならない」と規定しています。そして、その専門性を培うために司書教諭となるには、教諭免許状の取得とともに「文部科学大臣の委嘱を受けた大学その他の教育機関がおこなう」講習を修了することを求めています（同法第五条二項、三項）。

しかしその司書教諭は、学級指導（教科指導）はもちろん、生徒指導、進路指導、部活動など多様な任務を抱えており、学校図書館業務になかなか手が回りません。それだけに、学校図書館法改正（一九九七年）の際に出された文部省（当時）の通知(45)（「学校図書館法の一部を改正する法律等の施行について」、一九九七年）にあるように、「司書教諭の担当授業時間数の軽減措置」は必須です。特に小学校の場合、学級担任として、そのほとんどの時間が授業などに当てられるなか、学校図書館の「中核」を担うだけの時間を生み出しにくい状況です。既述の文科省の調査(46)（二〇一四年五月一日現在）によりますと、軽減措置を実施している学校は、全国的には十二学級以上の学校（十一学級以下の学校）で小学校七・三％（一〇・三％）、中学校一〇・三％（一一・〇％）、高等学校一二・八％（一一・四％）です。またその司書教諭が学校図書館を担当している時間数の全国平均は、十二学級以上の学校（十一学級以下の学校）で、小学校〇・九時間（〇・九時間）、中学校一・五時間（二・二時間）、高校三・〇時間（三・三時間）です。この数字が示す通り、その実施は部分的、限定的です。特に小学校は一時間にさえ達していません。先ずは、一刻も早い「軽減措置」の実施が求められるのです。

（二）　学校司書

また司書教諭とともに学校図書館業務を担っている学校司書については、二〇一四年の学校図書館法の改正により法制化され、その職務の専門性が規定されました。同法附則における「学校司書の職務の内容が専門的知識及び技能を必要とする」との規定がそれです。

しかし、学校司書法制化運動の原則である「専任」「正規」については、法は何ら規定していません。すなわち、学校司書が配置されても、学校司書の職務に専任として従事できるか否か、あるいはその身分は正規なのか非正規なのかについては何ら規定がなく、各自治体の考えに委ねられています。同法改正の際に衆参両院で「付帯決議」が可決されましたが、そのなかに「学校司書が継続的・安定的に職務に従事できる環境の整備」の必要性が述べられています。「継続的・安定的」な職務であるためには、専任で正規であることが求められるのです。学校司書の法制化は実現しましたが、その内実をどのように豊かにしていくかは今後の課題として残されているのです。

注

（1）『成語林　故事ことわざ慣用句』別冊（世界の名言・名句）（旺文社、一九九二年）七五頁。

（2）「平成二六年　国民生活基礎調査の概況」（http://www.mhlw.go.jp/toukei/saikin/hw/k-tyosa/k-tyosa14/）（参照二〇一六年二月十日）。

（3）「平成二五年　国民生活基礎調査の概況」（http://www.mhlw.go.jp/toukei/saikin/hw/k-tyosa/k-tyosa13/dl/03.pdf）（参照二〇一六年二月十日）。

（4）ドナルド・アーカートは、イギリスの「国立科学技術貸出図書館」の設立を主導した人で、その図書館の実践的な指導者として運営にも携わった。この図書館は後に「大英博物館図書館」（現在の「英国図書館」British Library）に統合される。そのアーカートが、一九八一年（今から三十五年前）に「図書館業務の基本原則」として十八の原則を提唱した。同原則は『図書館業務の基本原則』（The Principles of Librarianship）として一九八一年に出版され、わが国でも一九八五年に翻訳・出版された。訳は高山正也、出版社は勁草書房である。なおこの原則は、同書の三頁に載っている。

（5）高山正也他『改訂　図書館経営論』（新・図書館学シリーズ二）（樹村房、二〇〇二年）一四五―一五三頁。

（6）同書、一五三頁。

（7）森田盛行「学校図書館経営を向上させる評価」『学校図書館』二〇〇九年三月号、全国学校図書館協議会、二〇〇九年、一七頁。

（8）前掲『図書館業務の基本原則』一二頁。

（9）同書、三頁。

（10）椎名六郎『図書館学概論』（学芸図書、一九六〇年）一頁。『世界大百科事典』第二〇巻（平凡社、二〇〇七年）三一一頁。

（11）河井弘志編著『蔵書構成と図書選択』新版（図書館員選書・四）（日本図書館協会、一九九二年）二頁。

(12)「子どもの読書活動の実態とその影響・効果に関する調査研究　報告書［概要］」(http://www.niye.go.jp/kenkyu_houkoku/contents/detail/i/72/)(参照二〇一六年二月十日)。
(13)「「平成二七年度全国学力・学習状況調査」の結果」(http://www.nier.go.jp/15chousakekkahoukoku/)(参照二〇一六年五月四日)。
(14)『朝日新聞』二〇一六年一月二十八日(「お言葉」全文は、同紙に掲載)。
(15)『朝日新聞・天声人語』二〇一六年一月二十八日。
(16)日本図書館協会図書館調査事業委員会編『日本の図書館　統計と名簿　二〇一五』(日本図書館協会、二〇一六年)二〇頁。
(17)「平成二六年度「学校図書館の現状に関する調査」結果について」(http://www.mext.go.jp/a_menu/shotou/dokusho/link/_icsFiles/afieldfile/2015/12/09/1358454_01.pdf)(参照二〇一六年二月十日)。
(18)「学校図書館用図書平均単価」は、全国学校図書館協議会のホームページに掲載されている。
(19)前掲『図書館業務の基本原則』一四頁。
(20)文部省『新教育指針』、寺崎昌男編『日本現代教育基本文献叢書』(「戦後教育改革構想」第一期第二)(日本図書センター、二〇〇〇年)二二一—二二八頁。
(21)「第十六回国会　衆議院会議録第二十五号」三〇—三一頁『官報　号外』(昭和二十八年七月二十一日)(http://kokkai.ndl.go.jp/SENTAKU/syugiin/016/0512/01607210512025.pdf)(参照二〇一六年二月十五日)
(22)文部省著、西田亮介編『民主主義』(幻冬舎、二〇一六年)二〇—三九頁。
(23)片岡啓治「解説」『日本教養全集』第十一巻(角川書店、一九七五年)三八〇頁。
(24)同書、三八一頁。

(25) この論文は、「世界」(岩波書店)の一九四六年五月号に発表された。本書における引用は、丸山眞男「超国家主義の論理と心理」『現代政治の思想と行動』上巻(未来社、一九五六年)一一頁による。

(26) 「国体の本義」には、「大日本帝国は、万世一系の天皇皇祖の神勅を奉じて永遠にこれを統治し給う。これ、我が万古不易の国体である」と記されていた。

(27) 『ブリタニカ国際大百科事典二』小項目事典(ティービーエス・ブリタニカ、一九九三年)三七六頁。教養概念の内実を一義的に決め難いことについては、『広辞苑』(第六版、二〇〇八年)も、「教養」概念の定義の後、次のように解説している。「その基礎となる文化的内容・知識・振舞い方などは時代や民族の文化理念の変遷に応じて異なる」。

(28) 三木清「読書遍歴」『読書と人生』(小山書店、一九四九年)三五頁。なお、この「読書遍歴」という文献は、太平洋戦争直前の一九四一年六月から翌年(一九四二年)一月にかけて「文芸」に発表された。

(29) 同書、三五頁。

(30) 中央教育審議会「新しい時代における教養教育の在り方について(答申)」(http://www.mext.go.jp/b_menu/shingi/chukyo/chukyo0/toushin/020203/020203a.htm)(参照二〇一六年二月十日)。

(31) 文部省編『学校図書館の手引』(師範学校教科書、一九四八年)四頁。

(32) T・I・エマースン著、小林直樹、横田耕一訳『表現の自由』(東京大学出版会、一九七二年)一—二頁。同書の原著『Toward a General Theory of the First Amendment』の出版は一九六六年である。

(33) 同書、二—三頁。

(34) 同書、一五頁。

(35) 赤星隆子編著『読書と豊かな人間性』(学校図書館実践テキストシリーズ五)(樹村房、一九九九年)九二

—九七頁。
(36) 黒古一夫、山本順一編著『読書と豊かな人間性』(メディア専門職養成シリーズ四)(学文社、二〇〇七年)一一九頁。
(37)『学校図書館』二〇〇七年十一月号(全国学校図書館協議会、二〇〇七年)一六頁。
(38)「ケータイ小説はブンガクの夢を見るのか?」(『週刊朝日』二〇〇七年十月二十六日号(朝日新聞社、二〇〇七年))のなかでの中森明夫の解説(三九頁)。
(39) 同答申は、全国学校図書館協議会編『学校図書館・司書教諭講習資料』第七版(全国学校図書館協議会、二〇一二年、一一九—一二七頁)に掲載されている。
(40)『学校図書館』二〇一一年十一月号(全国学校図書館協議会、二〇一一年)三三頁。
(41)『学校図書館』二〇一〇年十一月号(全国学校図書館協議会、二〇一〇年)三七頁。
(42)「学校図書館図書廃棄規準」は、全国学校図書館協議会のホームページに掲載されている。
(43) 札幌市教育委員会指導室編『生かそう、使おう学校図書館——学校図書館活用の手引——』(札幌市教育委員会、二〇〇七年)一〇七頁。
(44) 前掲「平成二六年度「学校図書館の現状に関する調査」結果について」(参照二〇一六年二月七日)。
(45)「学校図書館法の一部を改正する法律等の施行について(通知)」は、全国学校図書館協議会編『学校図書館・司書教諭講習資料』第七版(全国学校図書館協議会、二〇一二年、一六—一八頁)に掲載されている。
(46) 前掲「平成二六年度「学校図書館の現状に関する調査」結果について」(参照二〇一六年二月七日)。

第四章　「学校図書館の自由」

——学習権概念を媒介に——

第一節　「図書館の自由に関する宣言」

一　情報と図書館

「人間は社会的動物である」。この言葉は、ギリシャの哲学者・アリストテレスの言葉と伝えられています。人間は個人として存在していても、その存在は絶えず他者との関係（社会）のなかで存在し、社会なくして個人が存在しないことを意味する言葉だと考えられています。(1)

それから約二三〇〇年を経た今日、「社会的動物」は「情報的動物」でもあります。今日の社会においては、情報と向き合うことなしに社会的生活をすることも人間らしさを享受した生活をすることも容易ではありません。人間にとって、食料は生存のために何より大切ですが、情報は今日の社会では社会的生活を営むのに不可欠な要素です。情報と生活は密接不可分の関係にあります。

その情報の入手方法は多様ですが、今日の社会においては、情報は「ネット」を通じて一瞬に入手できます。情報は「ネット（スマホ）とともにある」と言っても過言ではありません。総務省の調査によりますと、二〇一四年末の情報通信機器の普及状況をみると、「携帯電話・PHS」及び「パソコン」の保有世帯割合は、それぞれ九四・六％、七五・七％となっています。また「携帯電話・PHS」の内数である「スマートフォン」は、六四・二％（前年比一・六ポイント増）と急速に普及が進んでいます。(2)こうした情報機器を利用して、求める情報を入手する様子は日常的光景です。

しかし他方、図書館の利用者数も増加の一途をたどっています。NHKは「変わる図書館　利用者増加の秘密は…」（「ＮＨＫニュース　おはよう日本」、二〇一四年十一月四日）と題して、図書館利用者が増加している状況を報道し、最後に担当したアナウンサーの感想を紹介しています。次の感想です。(3)

パソコンやスマートフォンがあれば、どんな情報でも手に入ると思いがちですけども、図書館に行って、実際人と会って、色んな本を一冊一冊手にとって見ることで、今まで想像もしなかったような新たな発想を得たり、深い知識を得ることが出来る。だからこそ、この時代でもこんなに利用者が増えているんだなと実感しました。

実際に「社会教育統計」（文部科学省）によりますと、図書館利用者数（図書の帯出者数）は、一九九五年度〜二〇一〇年度を見ますと、約一億二〇〇一万人から一億八七五六万人へと六七五五万人増加しています。二〇〇七年度〜二〇一〇年度の三年間のみの増加を見ても一六二〇万人の増加で、その伸び率は九・五％です。この伸び率は、社会教育施設のなかでも「ダントツ」です。公民館はマイナス一三・六％、博物館はマイナス一・一％です。(4)

その図書館のことを規定した図書館法（一九五〇年）は、図書館の目的として「教養、調査研究、レクリエーション」（第二条）を掲げています。図書館利用者の利用目的は多様ですが、今日において図書館は、社会的生活をするのに不可欠な知識や情報の社会的保障装置です。

何よりもまず、私たちは、現在の生活を維持・発展させるための情報、ときには瞬時の情報を必要とします。同時に自分と他者との関係性、社会の来し方や未来を知るための情報を必要とします。それらは、今日の生活を豊かに生きるだけではなく、自分自身の存在を確認し、未来を洞察するにも不可欠なことです。

そして、情報（特に図書）を入手することは、その著者（情報の発信者）の「思い」に触れることです。その思いに触れ、何かを感じ、自己の思索や行動の拠り所とするわけです。ですから、そうした営みは、各人の思想・良心の形成、知る権利といった国民の基本的人権の確保とかかわる営みです。そして、そのような情報を利用者の求めに応じて提供する図書館は、国民の人権保障と深くかかわっています。

二　「図書館の自由に関する宣言」――学校図書館とのかかわりは――

その図書館の社会的存在とかかわり、「図書館の自由に関する宣言」（以下、宣言）があります。宣言は、第一章で概説したように、戦後の冷戦期に「逆コース」といわれた政治風潮のなかで、図書館が再び戦前のような「思想善導」機関になるのではないかとの懸念の下に、一九五四年に日本図書館協会の総会で採択されました。その後、山口県立山口図書館での図書の抜き取り別置事件が発生、この事件を契機に宣言の再確認を求める動きが起き、一九七九年に改訂され現在に至っています。

そしてこの宣言の性格は、「解説」によると、図書館が利用者に対して行う「約束」であり、国民すべてに対して図書館の立場とその決意を「表明」したものと説明されています。[5]
しかし、その「約束」「決意」をした図書館のなかに、学校図書館も含まれているのでしょうか。その点は、必ずしも「合意」がされているわけではないようです。学校司書問題を長い間研究してきたある論者は、宣言と学校図書館との関係について、次のように論じています。[6]

・学校図書館は、「図書館の自由に関する宣言」が該当する図書館であるのか？　この問いに対して、学校司書、司書教諭、学校図書館研究者、関係者の間でも意見は二分する。該当すると考える立場と該当しないと考える立場である。
・「図書館の自由に関する宣言」が学校図書館にも該当すると考える考え方は、現時点においても学校司書の間でも学校図書館界としても共通のものになっているとは言えないが、一方で「図書館の自由」が大事であるとする論議の蓄積がある（略）。

宣言が学校図書館にも該当するか否かに関する意見は、「二分」しているというのです。この点について宣言副文では、次のように記しています。[7]

ここに掲げる「図書館の自由」に関する原則は、国民の知る自由を保障するためであって、すべての図書館に基本的に妥当するものである（傍点は筆者）。

「基本的にすべての図書館」に妥当すると言っています。「すべての図書館」ですから学校図書館もその対象になりそうです。しかし他方、「宣言改訂の趣旨を早急に普及することを目的として」編集・刊行されている宣言の「解説」では、次のように説明されています。(8)

この宣言に述べられている「図書館の自由」に関する原則は、国民の知る自由を保障するためのものであって、国民に公開されている図書館においては、当然この宣言の内容が全面的に実現されなければならない。学校図書館・大学図書館・専門図書館・点字図書館などにおいても、これらの原則が遵守されるべきである（傍点は筆者）。

この場合、「国民に公開」とはどういう場合をいうのでしょうか。それが公立図書館のように、利用対象を「一般公衆」（図書館法第二条）としている際は、国民に公開された図書館であることは言うまでもありません。「公立図書館は、入館料その他図書館資料の利用に対するいかなる対価をも徴収してはならない」（同法第十七条）との規定も、公立図書館が国民に平等に公開されていることを示した規定と解することができます。また国立国会図書館も、立法・行政・司法以外にも、「更に日本国民に対し、この法律に規定する図書館奉仕を提供することを目的とする」（国立国会図書館法

第二条）となっているので、国民に公開されている図書館に該当します。

しかし学校図書館は、「国民に公開」されている図書館なのでしょうか。学校図書館法には、学校図書館の利用対象は「児童又は生徒及び教員」と規定されており（同法第二条）、例外的に「学校図書館は、その目的を達成するのに支障のない限度において、一般公衆に利用させることができる」（同法第四条二項）となっています。学校図書館法をそのまま読むなら、学校図書館は国民に公開されているとは読めません。それとも「国民に公開」とは、「公共性を備えた」と読むのでしょうか。

あるいはさらに、宣言を次のように読むと良いのでしょうか。「公開されている図書館」では、図書館の自由の原則の適用は当然「である」、しかし「それ以外の学校図書館など」の場合には、原則は適用される「べき」だと。もし、そうだとすると、①「である」存在と、②「べき」の対象とされている存在、その両者は当然同一ではありません。その意味において、学校図書館にも、なぜ図書館の自由の原則が適用される「べき」なのか、もう少し丁寧な解説（説明）が必要なのではないかと思います。

実は宣言に、図書館の自由の原則が「すべての図書館に基本的に妥当するものである」との文言を入れることには、制定当初には懸念がもたれていたようです。宣言制定四年後（一九八三年）に書かれたある論文のなかに、「この宣言が学校図書館の関係者、学校にかかわる人たちに、ただちに共感をもって迎えられることは無理かもしれない」という判断があるなかで、この文言が入れられたとの記述があります。そして、さらに続けて次のように述べています[9]。

日本図書館協会に参加している学校図書館員、教師がいまだきわめて少ないことを考えれば、学校図書館への宣言の普及と図書館の自由がどのように「妥当」するかの検証は、なお今後の実践と研究を待つべき課題として残されている。

「なお今後の実践と研究を待つべき課題として残されている」との三十余年前の傾聴すべき指摘。そしてその「今後」は、今なおつづいているように思います。

しかし、そうした課題を抱えつつも、学校図書館をめぐる自由の問題は、しばしばこれまでも宣言と結び付け論ぜられてきました。たとえば、二〇一三年に問題となった『はだしのゲン』の提供制限が起きた際には、提供制限が宣言とかかわり論議されました。また高校図書館における選書に対する管理職の介入問題、さらには、学校図書館利用者の利用記録の扱いをめぐっても、宣言との関連で論議がされてきました。

そこで本章では、学校図書館の立場から、学校図書館と宣言との関連について検討し、さらに「教育を受ける権利」(憲法第二十六条)から導き出される「学習権」概念を手がかりに、「学校図書館の自由」について考察を加えてみたいと思います。

第二節　「図書館の自由」について

一　「図書館の自由」――知る権利――

そこで、こうした問題を考察する前提として、「図書館の自由に関する宣言」におけるキーワードともいうべき「図書館の自由」という概念について検討したいと思います。

宣言には、何箇所かに「図書館の自由」という用語が出てきます。その最初は、既述のごとく「ここに掲げる「図書館の自由」に関する原則」は、との部分です。「　」（かっこ）で括られて出てきます（その後は、「　」がありません）。そして、宣言自体は「図書館の自由に関する概念規定（定義）をしていません。しかし、宣言全体の記述からみて、「図書館の自由に関する原則」の基本は、次の五点を指すと理解することができます。

第一　図書館は資料収集の自由を有する。
第二　図書館は資料提供の自由を有する。
第三　図書館は利用者の秘密を守る。
第四　図書館はすべての検閲に反対する。
図書館の自由が侵されるとき、われわれは団結して、あくまで自由を守る。

そこで、「図書館の自由」とはどういう概念として理解されているのか、その基本を押さえるために図書館に関する専門の用語辞典で、この概念を調べてみました。先ず『図書館情報学用語辞典』（第四版）です。次のように説明されています。(10)

「日本国憲法」で保障している「表現の自由」を最大限に尊重し、日常の図書館活動を支えていく包括的概念。一九五四（昭和二十九）年に「図書館の自由に関する宣言」が採択されているが、ここでの「図書館の自由」は、第二次大戦前の思想善導の苦い体験を踏まえた「国家権力からの自由」という「図書館の中立性」に根拠を求めている。（略）「図書館の自由」は、民主主義社会における市民の権利と公共の福祉との緊張関係をはらみ、その領域を、人類の普遍的課題としての自由の確立に向けて、拡大、修正されている。

この辞典では、図書館の自由は、表現の自由を最大限に尊重し、日常の図書館活動を支える包括的概念と解説されています。そして、「国家権力からの自由」という考えは、自由権と称される人権に対しては、国家は介入・干渉してはならない（国家からの個人の自由）ということを意味しています。表現の自由は、そうした自由権の中核的概念です。その表現の自由は、憲法第二十一条で「集会、結社及び言論、出版その他一切の表現の自由は、これを保障する」との文言で規定されています。

しかし図書館は、主として利用者に知識や情報を「提供」する機関ですが、自ら知識や情報を「発信」する機関ではありません。[11] それにもかかわらず、なぜ図書館の自由は、表現の自由と結び付け理解されるのでしょうか。そのためには、図書館と利用者を結びつけるもう一つの概念が必要です。それは「知る権利」です。知る権利は、表現の自由の再構成を通じて、情報受領者の権利を保障するという側面から捉えた概念です。

この情報の発信、受領は、今日では一体の権利として理解されています。世界人権宣言（第三回国連総会採択、一九四八年）も、「すべて人は、意見および表現の自由についての権利を有する。この権利は、干渉を受けることなく自己の意見をもつ自由、ならびに、あらゆる手段により、また、国境にかかわりなく、情報および思想を求め、受け、かつ伝える自由を含む」（第十九条）と規定しています。発信と受領の一体性です。両者はコインの表裏の関係にあるのです。

ですから図書館の自由は、表現の自由の再構成のなかで主張されるようになった知る権利という概念と結びついているのです。こうした結びつきは、「図書館の自由に関する宣言」とも符合しています。宣言は、図書館の最も重要な任務として、「知る自由をもつ国民に、資料と施設を提供する」[12] と規定し、その具体的説明のなかで、「知る自由は、表現の送り手に対して保障されるべき自由と表裏一体をなすものであり、知る自由の保障があってこそ表現の自由は成立する」と述べています。

そうすると、『用語辞典』における「図書館の自由」は、知る権利概念を媒介にすると、「知る権利を最大限に尊重し、日常の図書館活動を支えていく包括的概念」と置き換えて理解することができます。図書館の自由と知る権利の一体性です。

二　「図書館の自由」――知的自由――

「図書館の自由」の概念について、もう一つ別の辞典の解釈を紹介します。『図書館用語集』（改訂版）です。次のように解説されています。(13)

市民の知的自由（intellectual freedom）を守るために、図書館または専門職としての図書館員が有しているとされる自由のことで、図書館活動における最も基本的な理念と考えられている。言論・出版の自由、報道の自由などと密接に関連する概念であると考えられ、アメリカなどでは〈読書の自由〉〈アクセス権〉〈行政、企業、マスコミなどの情報の公開を求める権利〉なども関連づけられている。（略）

この辞典に登場する「知的自由」という概念は、わが国では周知の概念ではありません。そのため、図書館の自由と知的自由との関連を理解するには、先ずは知的自由という概念を理解する必要があります。

その知的自由という概念は、アメリカにおける「図書館の権利宣言」と深くかかわっています。

「図書館の権利宣言」とは、「図書館と利用者の知的自由を守るための基本方針としてアメリカ図書館協会評議会が採択した宣言」[14]です。この宣言の解釈および解説として出版された『図書館の原則』（『図書館における知的自由マニュアル』、アメリカ図書館協会知的自由部編纂）には、「知的自由は二つの基本条件が揃う場合にのみ存在できる」として、次の二点を挙げています。[15]

①各人がどのような主題についても自由な信条を持つ権利、および各人が適切と考える方法で思想を伝える権利。

②情報や思想への自由なアクセスという権利について、社会が一様に献身していなくてはならない。

いわゆる表現の自由とアクセス権です。この二点は、既述した世界人権宣言（第十九条）の規定と同様の趣旨です。そして『図書館の原則』では、「知的自由は環状」になっており、どちらかが抑えられると「この環は崩壊する」と説明されています。「自分が選んだ伝達手段で自分を表現するという自由は、当の情報へのアクセスが保護されていないと実質的には無意味となる」からです。そして、その知的自由は「修正第一条が保障する言論と出版の自由」によって守られているとも説明されています。[16]修正第一条とは、合衆国憲法修正第一条（一七九一年）のことで、言論・出版の自由の保障を規定した点で、修正憲法の「核」ともいうべき条項です。

図書館の自由と知的自由、そして修正第一条。この辞典でも図書館の自由は、表現の自由、情報や思想へのアクセス権（言論・出版の自由）と結び付け理解されています。こうした解説からも明らかなように、図書館の自由は、表現の自由（知る権利）、あるいは知的自由と一体のものとして理解されてきました。

わが国において、この両者（図書館の自由と知る権利）の一体性を規定した「図書館の自由に関する宣言」の制定は一九五四年です。そして改訂宣言の制定は一九七九年です。特に最初の一九五四年宣言のときは、知る権利論が未だ一般的でなかっただけに、宣言に「知る自由」という概念が用いられたその先駆性は高く評価されるものだと思います。この先駆性が、その後の辞典における図書館の自由の解釈にも大きな影響を与えたものと思われます。そしてそれ以来、知る権利を基礎にした図書館の自由は、図書館をめぐる様々な問題を考える際の「座標軸」として大きな役割を果たしてきました。

第三節　学習権の保障と学校図書館

一「学校図書館の自由」――学校教育を軸に考える――

さて、学校図書館に話を戻していきます。「学校図書館は図書館である」。こうした当然の主張が長年にわたりされてきました。その背後には、現実の学校図書館が「図書館」としての実態を体現していない、あるいは図書館として必要な条件を備えてこなかったことへの鋭い批判があるように思います。そして今日においても、学校図書館は、資料の問題も「人」の問題も、そして図書館サービスの問題も不十分さを抱えています。学校図書館が、図書館として必要な条件を備えることは、十分な学校図書館機能を発揮するための不可欠の要件です。

しかし同時に、学校図書館は「学校に付設された」教育環境です。学校図書館は、それ自体として独立して存在しているのではなく、学校教育に組み込まれた存在です。学校図書館法では、学校図書館は「学校教育に欠くことのできない基礎的な設備」（第一条）と規定されています。学校教育への組み込みの規定です。そして学校図書館は、その組み込みのなかで、「教育課程の展開への寄与」「児童生徒の健全な教養の育成」を目的としているのです（同法第二条）。

「学校図書館は図書館である」、だから学校図書館を図書館の視点からアプローチすることは重要なことです。しかし同時に、学校図書館は「学校教育に欠くことのできない基礎的な」教育環境なのだから、学校教育の視点からアプローチすることは、より重要なことだと思います。そして、この両者は別個の問題ではなく、同一の事象の視点の置き方の違いです。すなわち、「学校図書館は学校にある図書館として、学校教育を支える」教育環境だとの位置付けが重要だと思います。

それは、図書館の自由についても同様です。図書館の自由の問題を、学校教育を介在して、学校図書館の視点から捉える必要があるように思います。「学校図書館の自由」という問題です。すなわち、学校図書館とかかわる図書館の自由の問題を、学校教育のなかの図書館（学校図書館）という視座から検討するという問題です。

しかしこの捉え直しは、学校教育（当然にも学校図書館）がいかなる人権と結び付け理解されているかとかかわる問題です。なぜなら、既述のように、図書館の自由は、表現の自由（知る権利）、あるいは知的自由を基礎においていますが、学校教育は、表現の自由から直接的に導かれる営為ではありません。学校教育は、主として「教育を受ける権利」（憲法第二十六条）という人権によって基礎づけられています。それは、学校に組み込まれている学校図書館も同様です。ですから、図書館の自由と学校図書館の自由の関連性を検討するには、この両者の人権概念との整合性が必要であるように思います。

二　学校教育と人権

学校教育を規定した学校教育法は教育基本法につながり、教育基本法は「日本国憲法の精神にのっとり」制定されています（同法前文）。そしてその憲法は、教育に関しては、第二十六条一項で「すべて国民は、法律の定めるところにより、その能力に応じて、ひとしく教育を受ける権利を有する」と規定しています。いわゆる「教育を受ける権利」規定です。この規定は、日本国憲法のなかでは、教育と直接的接点をもつ唯一の条規で、学校教育（のみならず教育全体）を考察する際の基本的座標軸ともいえる規定です。

この規定は、明治憲法下の教育に関する規定と比べると大きく異なります。明治憲法下では、教育は天皇大権によりその形式も実質も決定されるという強い国家統制下にありました。すなわち教育は、権力の保持者（統治権の総攬者）であり、道徳的・宗教的価値の体現者（建国の神話に基づく神聖不可侵の存在）である天皇の「命令」（勅令）という形をとっていました。(17) そして教育を受けることは、兵役・納税とならぶ憲法の三大義務の一つともされていました。それゆえ、こうした法体系の下では、教育が権利という光によって照射されるはずもなく、教育の「客体」として位置づけられた子どもが、人権の享有「主体」へと転換することもなかったのです。

そうした歴史を顧みると、教育を受けることを「権利」と規定したこの第二十六条の規定は、日本国憲法のなかでも大きな特色をなす規定の一つです。そこで、この「教育を受ける権利」を検討しながら、学校図書館の自由（学校図書館）について考えてみたいと思います。

三　学習権について

今日、学校図書館を考察する際の重要な視点は、学校図書館をその利用者である子どもの立場から捉え直すことだと思います。特に、近年の教育改革論議のなかで展開されるようになった「自ら学ぶ力」「自ら考える力」「自立的・自主的態度」の重要性は、そうした課題の必要性を、より鮮明にさせています。

しかし、こうした「力」や「態度」を育成するには、子どもを被教授者としての受動的地位に押しとどめるのではなく、学習によって自らを成長させていく力をもった存在、いわば子どもを自己変革、自己形成の主体として位置付けるという視点が必要です。それは同時に、子どもを「成長・発達の権利」を有した学習の主体として捉えることにもつながります。

それだけに、「教育を受ける権利」論のなかから登場してきた「学習権」理論は、学校図書館を考察する際の重要な概念だと思います。この概念には、人はすべて人間として生まれた以上は、自らの学習によって、人間らしさを獲得していく権利主体であるとの認識を内在化しています。いわばこの理論には、子どもを出発点とし、学習の絶対的権利性（学ぶことによって人間が創られていくという、人間が人間となるための絶対的要件としての学習の権利性）の確保という課題が中核にすえられているように思います。

その学習権論を早い時期から提唱してきた堀尾輝久（教育学）は、教育を受ける権利は、大人とは区別される子どもの権利の主張を前提としているとの認識の下に、子どもの権利の中核について次のように述べています。(18)

発達の可能態として、まさにその点で大人のそれから区別される子どもの権利とは、子どもが将来にわたって、その可能性を開花させ、人間的に成長する権利である。しかも、成長・発達の権利は、子どもが学習の権利を充足させるときはじめて現実的な意味をもつ。

そしてさらに、こうした子どもの権利は、自己充足的権利ではなく、「一定の条件とその内実の保障があってはじめて権利としての現実的意味をもつ[19]」と述べています。

こうした子どもの「学習する権利」論は、その後の判例においても登場するようになりました。「第二次教科書検定訴訟」東京地裁判決（いわゆる杉本判決、一九七〇年七月十七日）は、次のように述べています[20]（傍点は筆者）。

子どもは未来における可能性を持つ存在であることを本質とするから、将来においてその人間性を十分に開花させるべく自ら学習し、事物を知り、これによって自らを成長させることが子どもの生来的権利であり、このような子どもの学習する権利を保障するために教育を授けることは国民的課題であるからにほかならないと考えられる。そしてここにいう教育の本質は、このような子どもの学習する権利を充足し、その人間性を開花して人格の完成をめざす（略）。

さらに、同判決の六年後（一九七六年五月二十一日）、最高裁もいわゆる「旭川学力テスト事件上告審判決」において、次のように判示しています[21]（傍点は筆者）。

この規定（憲法二十六条…筆者注）の背後には、国民各自が、一個の人間として、また、一市民として、成長、発達し、自己の人格を完成、実現するために必要な学習をする固有の権利を有すること、特に、みずから学習することのできない子どもは、その学習要求を充足するための教育を自己に施すことを大人一般に対して要求する権利を有するとの観念が存在していると考えられる。換言すれば、子どもの教育は、教育を施す者の支配的権能ではなく、何よりもまず、子どもの学習をする権利に対応し、その充足をはかりうる立場にある者の責務に属するものとしてとらえられているのである。

さらに今日、学習権の思想は、国際的にも承認されたものとなっています。たとえば、第四回ユネスコ国際成人教育会議で採択された「学習権宣言」（一九八五年）は、人格の全面的保障を目的とした教育への権利を、学習主体に即して体系化・集大成しています[22]。

そこでは、学習権を「読み、書く権利」にとどめることなく、「質問し、分析する権利」「想像し、創造する権利」、さらには「自分自身の世界を読みとり、歴史をつづる権利」をも包含した権利へと深化、発展させています。そして同宣言は、こうした権利を確保すべく、「教育の手だて（resources）」が保障されるべきことをも提起しています。すなわち教育というものを、ただ単にその機会が与えられただけで保障された、という形式的・抽象的な保障として捉えるのではなく、そうした権利が実質的・具体的に保障されるための「手だて」（教育条件の確保）についても言及しています。そして「〝学習〟はキーワード」であり、「学習権なくしては、人間的発達はありえない」と述べています。

四　学習権を担保する学校図書館

（一）「教育課程の展開」とかかわって

こうした司法判断を受け今日では、子どもの「学習する権利」（いわゆる「学習権」）は、わが国の憲法学においても、広く受容されるようになっています。[23] そういう視点から学校教育を考察するなら、その学校教育に組み込まれている学校図書館もまた、こうした学習権論を基礎に再検討されるべきだと思います。

「子どもの学習する権利を保障するために教育を授ける」（東京地裁判決）、「特に、みずから学習することのできない子どもは、その学習要求を充足するための教育を自己に施すことを大人一般に対して要求する権利」（最高裁判決）、こうした司法判断を受け止めると、子どもの「学習する権利」を保障する（「学習要求」を充足する）ために、どのような条件整備が必要なのかの検討が迫られます。

しかしその条件整備は、（子どもに「教育を受けさせる義務を負う」親権者の責務を前提に）何よりも経済的条件の整備から始まります。「ひとしく教育を受ける権利」を保障するには、何よりも経済的な面での条件整備が不可欠だからです。憲法第二十六条二項の義務教育の無償制度は、こうした経済面からの条件整備を定めた最低限の具体的規定です。そうした経済的条件整備を下に、施設・設備の整備、人的条件も、「学習する権利を保障する」（東京地裁判決）内容であることが求められています。

そう考えたとき、学校図書館もまた、子どもの学習権を充足するための重要な条件整備の一つであることに思いが至ります。その学校図書館は、「学校教育において欠くことのできない」（学校図書館法第一条）教育環境として規定されており、同法における「教育課程の展開に寄与する」「児童生徒の健全な教養を育成する」との学校図書館の目的（同法第二条）は、学校図書館が学習権をどのように担保するのか、その担保のあり様を述べていると考えることができます。そのあり様を、先ず「教育課程の展開に寄与する」とかかわって述べたいと思います。

教育とは、人類が生み出した知的文化財を選択し、発達段階に応じて子どもに伝達しつつ新たな文化を創造する営為です。教科書は、そうした文化材のなかから、学習に適した素材を選択し体系化した学習の媒体（「主たる教材」）です。しかし教科書は、（a）「基礎・基本」を伝達・教授する際の媒介としての特性、（b）あるいは教科書の内容を規定する学習指導要領の性格、などと相俟って、その内容の画一化は避けられません。それだけに、豊かな学習を展開するには、（a）教科書の画一性を補うための多様な学習材、（b）教科書では理解し得ない事項を補足するための学習材、（c）教科書の内容をより発展させるための学習材が必要です。しかも子ども個々人の発達状況を考慮した学習材が必要です。そうした多様な学習材に触れることにより、子どもは学習をより深め、わかることの楽しさを知ることが可能となります。そうした学習材をどの子どもにも平等に用意し、平常の学習において提供するのが学校図書館です。

また日常の学校教育は、各学校で編成された教育課程を軸に展開されますが、教育課程の展開は、時間と空間に限定された「授業（教科活動）」や「教科外活動」のみにより完結するわけではありません。そもそもその背後には、授業を根底から支え、発展させる要素である子ども個々人の疑問や興味が横たわっています。授業は、そうした疑問や興味に働きかけ、それを大きくし、その解決・発展を図ることにより、強い生彩を放つようになります。こうした疑問や興味への回答の道筋は様々です。そのなかでも、本（書物）はそうした回答への重要な素材を提供してくれます。本を読むことにより疑問が解決した、本を読むことにより一層の興味がかき立てられた、本を読んで教室とは違う「何か」を感じた、こうした経験を持つ人は多いと思います。こうした考察を前提にしたとき、疑問や興味を媒介とした問題解決の道筋に、学校図書館が不可欠的教育環境として登場してきます。それだけに、学校図書館は、こうした子どもの興味や関心に応える多様な資料を用意しつつ、子どもの成長・発達を支援していく役割を担っているのです。

また学校図書館は、子どもの情報活用能力の育成に大きく貢献しています。自ら思考・創造・表現できる子どもの育成には、情報や知識を選択的に入手し、分析、加工し表現するという情報に対する能動的力の獲得が不可欠です。そしてその「力」は、今日「学び方を学ぶ力」として重要視されるようになっています。学び方を知らなければ、知識の量は所与のものを越えることはできませんが、学び方を学ぶなら、知識の量は無限に拡大していきます。その意味において、情報を入手し、分析、加工、発表する力を獲得することは、「自ら学ぶ力」を獲得することと同義なのです。またそうした能力の獲得は、学び手を知識の被注入者たる地位（客体）から課題の自己解決を図れる地位（主体）へと転換させ得る大きな要因でもあります。そして、こうした「力」の獲得は、学校図書館界では長い間「利用指導」と称され、近年では「情報・メディアを活用する学び方の指導」と称されてきた分野です。学校図書館は、「学び方の学び」の指導を通して、子どもの学習を支えてきたのです。

（二）「健全な教養の育成」とかかわって

そして何よりも、学校図書館は「健全な教養の育成」と関連し、子どもの「読書」と深くかかわってきました。

一九九九年に、子どもにとって読書は、豊かな人生を生きるために「欠くことのできないもの」との認識の下に、衆参両院で「子ども読書年に関する決議」が採択されました。

読書は、子どもたちの言葉、感性、情緒、表現力、創造力を啓発するとともに、人としてよりよく生きる力を育み、人生をより味わい深い豊かなものとしていくために欠くことのできないものである。

この一節は参議院決議の一部ですが、衆議院でもほぼ同様の決議がされました。そしてこの決議に基づき、二〇〇〇年が「子ども読書年」と位置づけられました。

その読書という営みは、そのことばに内包されている諸々の世界を獲得することと同義です。本を読んで嬉しくなる、悲しくなる、不安を感じる、感動する……。目の前にあるのは「文字（ことば）」なのに、その文字が心を揺さぶる、すごいことだと思います。それは、文字（ことば）を通して描かれた世界に思いを巡らすからです。人間は、様々な外から発信される情報を下に思いを巡らせますが、「本」（読書）もまた読み手に多くの思いを巡らせる媒体です。文字（ことば）を通じて、喜ぶ姿も悲しむ姿も思い描き、想像することができるのです。読書という営みには、そうした「力」が内在化されているのです。

読書によって得られる「力」は、さらに複合的です。読書は人間的自立を促す大きな役割を有しています。読書は、自己発見、自分探しの旅への優れた道案内です。読書は、自分を見つめ、自分の可能性を見出し、夢や希望に向かって歩む力を与えてくれます。読書は、テレビなどのような一方通行的な情報の受容ではなく、自分の速度と問題意識のなかで、ときには立ち止まり、思考し、批判しつつ情報を自己内在化していく精神活動です。その過程のなかに、人間的自立を促す要素がたくさん包み込まれているのです。

「文字（ことば）」を読むという行為は、そのことばに包み込まれた世界と自己との対話でもあります。著者を通じて、その世界に登場する様々な「人」と対話するのです。読書は、そうした対話を「文字（ことば）」を介して実現していく営みです。その営み（過程）のなかで、自分の考えを問い直し、新たな自分を構築していくのです。すなわち読書は、一人の人間の自立を支援し、自己形成を図っていく営みなのです。

読書は楽しみであり好奇心を誘う手段です。子どもが、時には食事も遊びも忘れて一心不乱に本を読んでいる。本を読むことが楽しく感動を誘うからです。子どもが親の語りを熱心に聞くのも、読み聞かせに目を大きくさせるのも、本の魅力が子どもを引き付け、心揺さぶるからです。子どもだけでなく、読書に時を忘れ、我を忘れた経験を持つ大人も多いと思います。多くの人を魅了して止まない読書の魅力、それは読書それ自体が楽しいからです。

図書館法には、図書館の目的として「教養、調査研究、レクリエーション等に資する」との規定があります（同法第二条）が、「レクリエーション」（recreation、名詞形）ということばには、「気晴らし、娯楽、休養、保養」などの意味があり、その動詞形である「recreate」の意味には、「気晴らしをする、レクレーションをする」の意味があります（『新英和大辞典』（第六版））。こうした語義を思うにつけ、レクレーションは、人間を元気付け、英気を養い、新たな地歩へと個々人を変えていく力を有しているのです。図書館は、その機能の発揮を通じて、図書館利用者に「力」を与えるのです。その「力」は、成長・発達の固体としての子どもにとっては、なお一層重要な「力」です。読書によって培われたその「力」が、賢明な主権者たる国民を育て、日本の民主主義を根底において支えることになるのです。読書を通じて子どもを育てる、学校図書館の大きな役割です。

すなわち学校図書館は、子どもの「学び」と「育ち」を支援する教育環境として、子どもの「成長・発達の権利」（その実質を保障する学習権）を担保する「不可欠な」教育環境なのです。特に、学校図書館は当該学校のすべての子どもに平等に開かれています。既述のように、「教育を受ける権利」

は「何よりも経済的な面での条件整備」ですが、学校図書館はそうした条件整備を資料とサービスをもって担っています。学校図書館は、個々の子どもの経済的格差を埋める「セーフティネット」でもあるのです。その「セーフティネット」が、すべての子どもの「成長・発達」を保障していくのです。学習権を保障していくのです。

こうして学校図書館が、学習権を担保する教育環境としてある以上、「学校図書館の自由」も、こうした概念を下にした検討が必要だと思います。

五　学習権の複合性――自由権的要素――

しかし、このことは、学校図書館が「図書館の自由」と無関係であることを意味するわけではありません。学習権は、教育を受ける権利がそうであるように、憲法的諸権利のなかでは、講学上の分類としては社会権に属するものと解されています。その社会権は、自由権と対比される人権の類型の一つで、自由権が市民社会に対する国家権力の介入・干渉の排除を基軸とした人権であるのに対し、社会権は国家に対して一定の作為を求める請求権的性格を基軸とした人権として特徴づけられています。

しかし学習権は、請求権的性格に限定されるものではありません。こうした権利の背後には、既述したように、子どもの人間的な成長・発達の実現、人間の精神活動と不可分的関係に立つ文化的価値の獲得・創造という側面が横たわっています。「将来においてその人間性を十分に開花させるべく自ら学習し、事物を知り、これによって自らを成長させることが子どもの生来的権利」（東京地裁判決）、「成長、発達し、自己の人格を完成、実現するために必要な学習をする固有の権利」（最高裁判決）、こうした権利には自立的・自覚的な人間形成を促す諸々の自由への要求が内在化されているように思われます。換言すれば、学習権それ自体のなかに、学習者の思想・良心の自由、表現の自由（知る権利）、学問の自由等の人間的諸自由の保障をその要件として組み込んでいるのです。学習権のなかに包含された「自由権的」要素です。学説においても、「現在では、発達可能態としての子どもの学習する権利を基底に、教育を受ける権利が社会権的側面と自由権的側面を併せ持つ複合的性格の人権であることが認められる」「学習権は、教育を受ける権利の自由権的性格を特徴づける観念である(24)」、あるいは「教育を受ける権利が社会権的側面と自由権的側面を併有した複合的性格の人権であることを認めるにいたっている(25)」などの見解が述べられています。学習権（教育を受ける権利）の複合的性格です。

こうした人権の複合性は、既述した人権の分類体系は絶対的ではなく相対性を有していることをも意味しています。たとえば、図書館の自由を基礎づける「知る権利」もそうした複合的性格の人権です。知る権利は情報の受領を公権力によって妨げられない（国家行為の排除）ことを要求するとともに、国家に対し積極的に情報公開を請求するという性格をも有しているのです。知る権利の「自由権的、社会権的」性格です。学説においても「表現の自由の保障から導き出される「知る権利」は、単に情報の受領を妨げられないという自由権としての性格を有するのみではなく、積極的に情報の公開を請求するという社会権ないし国務請求権としての性格をも有している[26]」との代表的見解が述べられています。

既述のように、学校図書館は子どもの学習権を保障するための「条件整備」の一つです。それだけに、その学校図書館を利用して子どもが、自己変革、自己形成の主体とし成長していく(「成長・発達の権利」を担保する)には、学校図書館利用に関する自由権的側面が認められなければなりません。

その学校図書館利用は、所蔵資料を(多くの場合)「読む」という行為でもあります。その「読む」という行為は、文字や図という記号を通じて、多様な情報を獲得する行為であり、学習権の内実を形成する重要な営みです。フランスの教育哲学者オリヴィエ・ルブールは、『学ぶとは何か』という著作のなかで、情報と学習との関連について述べています。そのなかで「apprendre」(学ぶ)という言葉の三つの意味(「…ということを知る」「することを学ぶ」「学ぶ」)を説明しながら、その内の「…ということを知る」という行為は、情報獲得の行為となっており、この行為から結果するものは、情報であると論じています[27]。すなわち、情報の獲得自体が学ぶことと不可分の関係にあるというのです。子どもは、そうした情報の獲得(図書館利用)を通じて、自己の思想を形成し、人格を形成していくことができるのです。その過程は「学び」と「育ち」の過程でもあり、「成長・発達」の過程なのです。それゆえに、学校図書館利用に際しては、子どもが学校図書館資料を自由に選択し、自分の興味・関心を満たし、疑問を解決し、新たな自分を発見していく、そうしたことが可能となる自由性が大切なのです。

　それだけに学校図書館には、学校図書館機能の発揮を通じて、子どもの成長・発達を担うという責務があります。そして、その責務を担うには学校図書館自体に、(後述するように)資料の収集や提供に関する「自主性・自立性」(主体性)が認められなければなりません。子どもの成長・発達を、学校図書館の側から担保するための「権限」としての「自主性・自立性」(主体性)です。そして、その「権限」の行使は、学校図書館担当者の専門性と身分保障によって裏付けられているのです。また同時に、学校図書館資料を通じて子どもの成長・発達を支援できるには、社会的に多様な情報の発信が認められていることも前提です。表現の自由(検閲の禁止)が保障された社会です。多様な情報の発信が認められなければ、学校図書館が収集する資料は限定され、子どもの多様な資料要求に応えられなくなるからです。

　こうした考えを基にすると、「学校図書館の自由」と「図書館の自由」とは深くつながることがわかります。図書館の自由は表現の自由(知る権利)と一体であるのに対し、学校図書館の自由は学習権の保障と不可分的関係にあるのです。そして、その学習権のなかには、知る権利を始めとする自由権的要素を有した人権が内在化しているのです。学習権に内在する自由権的性格、そうした回路を経由し学校図書館の自由を検討すると、「図書館の自由に関する宣言」の基本的考えは、学校図書館にも当てはまりそうです[28]。

　そこで次に本章では、二〇一三年に島根県松江市で起きた『はだしのゲン』提供制限問題を具体例として、特に資料の収集、提供を取り上げ、学校図書館の自由について検討を加えたいと思います。

第四節　「学校図書館の自由」――学校図書館資料の収集・提供を軸に――

一　『はだしのゲン』提供制限問題の経緯

『はだしのゲン』問題。この問題は、一本の新聞記事から始まりました。山陰地方（島根県、鳥取県）をエリアとする「山陰中央新報」が、二〇一三年八月十六日に報じたある記事です。「『はだしのゲン』描写過激、松江の全小中学校「閉架」に、一部は貸し出しも禁止、市教委が要請」という見出しの下、漫画『はだしのゲン』の閲覧制限について報じた記事です。リード部分で、次のように概略を報じています。

> 原爆や戦争の悲惨さを描いた漫画「はだしのゲン」の描写が過激として、松江市教育委員会が、子どもが自由に閲覧できない「閉架」の措置を取るよう市内の全小中学校に求めていたことが分かった。教員の許可がないと借りられない上、一部の学校では貸し出しを事実上禁止した。関係者からは、戦争の愚かさを学ぶ機会を奪う市教委の判断を疑問視する声も上がっている。

さらに同紙の報ずるところによると、制限措置は次の二段階を経て行われたといいます。

（1）二〇一二年八月、市民から「はだしのゲンは間違った歴史認識を植え付ける」として、学校図書館からの撤去を求める陳情が市に提出された。しかしこの陳情は、同年十二月の市議会で、全員一致で不採択となった。

（2）その後、市教委は陳情を機に漫画を確認し、首を切る場面や女性に乱暴する場面が児童生徒の目に触れることを懸念した、として同十二月に口頭で全小中学校に閉架を求めた。

この報道を機に、全国紙、地方紙、テレビなどの各メディアは一斉にこの問題を報道しました。また、下村文科大臣（当時）や当該県である島根県知事、隣県鳥取県知事、さらには広島市長など多くの自治体の長の発言もありました。一地方の学校図書館での閲覧制限が一気に全国ニュースとなり、その後、この措置の是非を巡り大きな論争を引き起こすこととなったわけです。

提供制限の対象となった『はだしのゲン』は、中沢啓治（一九三九―二〇一二）の代表作で、広島市に住む主人公・中岡元（ゲン）が、原爆で父、姉、弟を亡くしながらも混乱期をたくましく懸命に生きる姿を描いています。その著者中沢もまた広島で生まれ、小学校一年生の時に被爆し、父、姉、弟そして妹を亡くしています。それだけに、この作品は中沢自身の体験を基に描かれた自伝的作品です。

一昨年（二〇一四年）、「毎日新聞」が実施した「第六十八回読書世論調査」（二〇一四年八～九月に実施）によりますと、十六歳以上の男女（有効回答数二四〇六人）の内、四九％が『ゲン』を読んだことが「ある」と答え、特に三十代では七三％が読んでいます。また、小中学生が読むことについては、全体で八五％、読んだ人に限ると九七％が「問題ない」と答えています（「毎日新聞」二〇一四年十月二十六日）。また「朝日新聞」の「戦後七十年　世論調査」（二〇一五年四月十八日）によりますと、「この戦争のイメージに影響を与えた映画や本などで、最も印象に残っている」作品の一位が「はだしのゲン」（九％）です。

こうした評価を得ていた『ゲン』が、提供制限を受けることになったわけです。『ゲン』の撤去を求める陳情を不採択とした市議会の議決にもかかわらず、市教委事務局は、校長に対して閉架要請をしたわけです。後日、教育委員会会議でその理由を問われた教育委員会総務課長（当時）は、陳情や議会に対する「過剰な斟酌」[29]であったと述べています。その「過剰な斟酌」が、その後の閉架要請へとつながったのです。

「山陰中央新報」の報道を機に一機に全国問題となった『ゲン』は、その後松江市教育委員会がどのような対応を取るかに焦点が移っていきました。そして、その過程で、この閲覧制限措置は、市教委事務局が教育委員会会議に報告せず独自の判断で学校に求めていたことが判明しました。そのため二度開かれた教育委員会会議では（『ゲン』の内容、提供制限の是非なども審議されましたが）、最終的には、この措置は「手続きに不備があった」ため「要請前の状態に戻すのが妥当」（二〇一三年八月二十六日）との結論になりました。閲覧制限の撤回です。

二　図書館資料の収集・提供に対する「権限」

この問題を「図書館の自由に関する宣言」と関連付けるなら、提供制限が問題となったわけですから、「図書館は資料提供の自由を有する」（第二原則）とかかわる問題です。しかし問題の発端は『ゲン』の学校図書館からの撤去を求める陳情です。それは同時に、『ゲン』という資料を学校図書館が収集したこと自体をも問題にしているわけです。その意味において、この問題は「図書館は資料収集の自由を有する」（第一原則）とかかわる問題でもあります。それゆえ、『ゲン』問題の核心は、「学校図書館資料の収集・提供の権限はどこにあるのか」という点だったと思います。

この件以来、『ゲン』の撤去や閲覧制限につながる陳情は、各地の自治体の議会や教育委員会にありました。こうした陳情を受けた議会や教育委員会のなかには、その是非について審議をしなかったところもありましたが、合計七件（自由閲覧、閲覧制限など）の陳情が出された東京都練馬区教育委員会では熱心な審議がされました。[30] そのなかで、教育委員会がこのような陳情を採択することは、「学校図書館資料の選書の公平性や公正性を欠く」とか、「選書に対して教育委員会が一律に統制すべきではない」などの意見が出され、最終的には、次のような結論になりました。

学校図書館における図書の選定、購入、取り扱い、廃棄は、指定有害図書以外の図書については学校の実情に沿って、各学校長の判断のもとに行われるべきものであり、教育委員会が一律に統制を図るべきものではない
（委員長「まとめ」、二〇一三年十二月二日）

学校図書館資料の収集・提供の権限は、「学校（学校長）それ自体にある」との結論です。そして、そのことは法的にも明らかなことだと思います。

第一は学校図書館法です。同法は、学校図書館の運営事項の冒頭に、「図書館資料を収集し、児童又は生徒及び教員の利用に供すること」を規定していますが（第四条一項）、こうした行為の主体は「学校」となっています。すなわち同法は、学校が図書館資料を収集・提供すると規定しているのです。

第二は学校教育法です。同法は、校長の職務として「校長は、校務をつかさどり、所属職員を監督する」（第三十七条一項四号）と規定しています。そのつかさどる「校務」の第一には、教育課程の編成・実施が含まれており、学校図書館はその「教育課程の展開に寄与する」ことをも目的に設置された「学校教育において欠くことのできない基礎的な設備」（学校図書館法第一条）です。すなわち、校長がつかさどる「校務」には学校図書館の運営は当然に含まれており、図書館資料の収集・提供を含め、学校図書館運営は、校長に体現された学校の教育的営為なのです。

こうした規定には、教育行政が学校図書館資料の収集・提供に関与すべきではないとの意味が含

まれています。換言すれば、学校図書館資料の収集・提供は、個別の学校の教育目標を実現するために、個別の学校に委ねられた「権限」であるということです。いわゆる、学校図書館蔵書に対する学校の「自主性・自立性」です。

それは、子どもの「学び」と深くかかわっています。言うまでもなく、子どもの「学び」は一様ではありません。たとえば、「人が自ら人をつくるのだということ、自らの内面に原因をもって探究し、選びながら発達する人間の発達過程の特質[31]」を思うとき、こうした探究と選択の過程には、学習を基礎にして自立していく人間の自由という要件が含まれています。しかし、こうした要件を日々の教育実践にどのように組み込んでいくかは、個別の学校の教育方針、運営方針、教育課程により異なり、さらに個々の子どもの発達段階によっても異なっています。

こうした点を学校図書館の立場から考えるなら、子どもが図書館資料を自由に利用することには、自己の思想や良心を形成し、人格形成をはかるという営みが含まれているということです。図書館資料は、こうした営為を担保する優れた媒体で、これらの媒体が子どもの日常生活のなかで恒常的に利用されることは、学習権を保障する学校図書館の責務です。そのためにも、学校図書館運営は、資料の収集・提供を含めて、個別の学校の「自主性・自立性」に基づくことが大切なのです。

学校図書館資料の選定は「学校の実情に沿って」行われるべきとは、先の東京都練馬区教育委員会会議の結論です。その個別の学校が「実状に沿った」資料収集ができるには、学校図書館資料に対する学校の「自主性・自立性」が不可欠なのです。その委員会審議のなかで、委員各位から次のような意見が出されていました。

・学校図書館の図書の選定は教育的配慮のもと、授業の実情や子供たちの発達段階に応じて学校関係者が選び、最終責任者である校長が決定していると思う。

・特定の図書の選定について可否を示すなどの図書の取り扱いについて指示することは、学校図書館が教育活動と密接な関係を持つことから慎重であるべきであり、教育活動の責任者である学校長の責任、判断を尊重すべきと考える。

・選書に当たっては、（略）毎年の予算の範囲内で自分の学校ではどのような図書を選定したらよいかということで行っている。最終的には学校の管理責任者である校長が裁決し行っている。つまり、各学校の裁量で自分の学校の児童生徒にはどのような図書を置くのがよいのかということを行っている。

いずれの意見も、個別の学校図書館資料の選定は、各学校の「実状に沿って」行われるべきもの、換言すれば、学校図書館資料の選定は、個別の学校の教育の展開、子どもの発達段階などを考慮して行うべきであり、教育委員会が「一律に統制」すべきでないとの見解です。学校図書館蔵書に対する学校の「自主性・自立性」を尊重すべきとの指摘です。

三　学校図書館蔵書に対する「圧力・介入」の排除

『ゲン』の提供制限問題が報道されると、（学校）図書館に関する各団体から様々な見解が表明されました。日本図書館協会図書館の自由委員会からは「要望」が、学校図書館問題研究会からは「申し入れ書」が、そして全国学校図書館協議会（全国ＳＬＡ）からは「声明」が出されました。いずれも提供制限に対する「再考」や「撤回」を求める、あるいは「憂慮」を表明するものでした。

そのなかで、全国ＳＬＡは、「ユネスコ・国際図書館連盟共同学校図書館宣言」（一九九九年）を引用して「提供制限」措置の不当性を訴えています。その「宣言」は、次のように述べています。[32]

学校図書館のサービスや蔵書の利用は、国際連合世界人権・自由宣言に基づくものであり、いかなる種類の思想的、政治的、あるいは宗教的な検閲にも、また商業的な圧力にも屈してはならない。

宣言は、学校図書館蔵書は様々な「検閲」「圧力」に屈してはならないと規定しています。学校図書館蔵書に対する介入は許されないとする国際的スタンダードです。

その「ユネスコ・国際図書館連盟共同学校図書館宣言」は、前文で学校図書館の存在意義を二点明記しています。次の二点です

①学校図書館は、今日の情報や知識を基盤とする社会に相応しく生きていくために基本的な情報とアイデアを提供する。
②学校図書館は、児童生徒が責任ある市民として生活できるように、生涯学習の技能を育成し、また、想像力を培う。

こうした意義を実現するための「学校図書館の使命」の一つとして、「検閲」「圧力」に対する排除の規定が述べられているのです。

そしてまた宣言は、その「使命」の冒頭で、学校図書館は、「情報がどのような形態あるいは媒体であろうと、学校構成員全員が情報を批判的にとらえ、効果的に利用できるように、学習のためのサービス、図書、情報資源を提供する」とも述べています。しかし、「情報を批判的にとらえ、効果的に利用できる」ためには、多様で多面的な情報（図書館資料）が必要です。そして、そうした資料は個別の学校の教育課程の展開、子どもの状況により、個々の学校において異なるのです。そうした個別性に対応するためにも、学校図書館には資料の収集・提供に対する「自主性、自立性」が確保されることが肝要なのです。「学校図書館の自由」を構成する要素としての資料に対する「介入排除」です。学校図書館の「権限」としての自由です。

四　学校図書館担当者――専門的知識・技能の必要性――

（一）日々の実践が「学校図書館の自由」を生み出す

しかし、学校図書館への「介入」が、学校の外からのみ生ずるとは限りません。学校内部から生ずることもあり得ます。過去においても、愛知県や千葉県の高校でいわゆる「禁書」問題が起きました。こうした学校図書館蔵書への「介入」が、校長（管理者など）の恣意による場合もありますが、むしろ管理体制の強化が学校図書館蔵書への「介入」と機を一にしている場合が見られます。

それだけに、学校図書館の自由の問題を考えると、何よりも個々の学校において「学校図書館がどのような存在としてあるのか」という根本的な問題に突き当たります。換言すれば、学校図書館が、子どもの成長・発達や日々の教育実践に「欠くことができない」との認識が学校のなかで共有され、そうした学校図書館を育てていこうとの理解が教職員のなかに広がっているか否かが問われるのです。そうした認識が共有されるときには、「学校図書館の自由は大切だ」との理解も深まります。遠回りですが、こうした認識、実践なくしては、「学校図書館の自由」という課題が、日常的な学校図書館に根を張ることは難しいと思います。多くの事柄がそうですが、日々の実践が、制度に魂を入れていくのだと思います。「学校図書館の自由」もその例の一つだと思います。

（二）「資料収集方針」について

ただ校内を含めて、図書館資料への意見やクレームが、ただちに「圧力」「介入」になると考えるのは早計だと思います。こうした意見やクレームが、地域住民や保護者、あるいは学校構成員である教員や管理者の資料に対するそれぞれの見解であることも十分あり得るわけです。そして、そうした見解を理解する柔軟性も学校図書館には求められています。

それだけに、こうした場合への対応も含めて、個別の学校において「資料収集方針」を定めることが重要だと思います。アメリカの研究者・ヘンリー・ライヒマンが書いた本に『学校図書館の検閲と選択』（第三版）があります。彼は、そのなかで各学校に対する検閲攻撃からの防御について述べていますが、その攻撃を防御するためには、資料収集方針が重要だとし、「学校が検閲志願者と対峙した瞬間に、防衛の武器庫が利用可能でなくてはならない」と述べています。[33]「資料収集方針」が、検閲からの「防衛の武器庫」になるとの指摘です。

そしてまた、ライヒマンは、「自己検閲」の問題についても論じています。自己検閲への誘惑は、検閲問題が発生したとき、最も警戒すべき事項の一つであると述べています。学校図書館員が「自己検閲への誘惑」に駆られるのを防ぐためにも「収集方針」が大切なのです。

資料の収集、いわば「選書」は、学校図書館業務のなかでも、特に専門性が求められる仕事であり、学校管理者の包括的な「校務」のなかに包摂されない仕事です。そのためにも、こうした方針の作成に当たっては、学校図書館担当者は資料の多様性、利用者の多様なニーズが確保されるように、その専門的知識を下に、「主体的」に論議をリードし、問題が起きたときにも方針の趣旨をきちんと説明することが大切です。そのプロセスが、収集方針の「判例」ともなり、収集方針をより豊かな方針へと転化していくのです。そして、そうした実践そのものが、「学校図書館の自由」を守り育てていくプロセスそのものだと思います。

(三) 学校図書館担当者の「専門性」を生かす

そうした学校図書館への理解や認識の高まりと深くかかわるのが、学校図書館担当者のあり様です。「学校図書館の自由」が生きたものとなるためには、学校図書館担当者の「自主性、自立性」の確保もまた重要なのです。そして、その「自主性、自立性」は、学校図書館担当者の専門的知識や技能に裏付けられています。

学校図書館法は、司書教諭は学校図書館の「専門的職務を掌る」と規定しています(第五条)。そして、その司書教諭の資格取得には、教諭免許状に加えて司書教諭講習の修了が求められています。それだけにこの規定は、学校図書館の業務は、他の学校業務とは区別された専門的なものであることを前提に、学校図書館に、そうした専門的力量を備えた「人」の配置を求めたものです。そして、二〇一四年の学校図書館法の改正により学校司書が法制化され、その職務は学校図書館運営の改善および向上、ならびに学校図書館利用の一層の促進に資すると規定され(同法第六条一項)、同時にその職務の「専門性」も規定されました。同法附則における「学校司書の職務の内容が専門的知識及び技能を必要とする」との規定がそれです。それゆえ校長には、こうした図書館担当者の専門的知識や知見を前提に、資料の収集・提供という「校務」を行うことが求められています。

学校図書館は戦後、法的根拠を有して学校に置かれることになりましたが、その戦後初期の学校図書館の理論的根拠を論じた文書に『学校図書館の手引』（一九四八年、文部省編）という書がありま す。すでにそのなかに、校長は「図書館経営には、相当の専門的教養や技術が必要なことを了解して、図書係あるいは司書たる職員には、この方面の教養を高めるよう常に奨励と愛情とを注ぎ」と記されています。(34) 戦後初期の頃から学校図書館の運営には、「専門性」が必要であることが認識されていたのです。

こうしたことを思うにつけ、校長には無条件に学校図書館に関する「校務」が委ねられているわけではないことがわかります。先の東京都練馬区教育委員会会議でも、当該教育委員会の教育総務課長（当時）は図書購入について、「管理職、司書教諭、教員、児童生徒の代表の全員または一部（略）、それぞれの立場に基づいた視点で選定している」と説明しています。その選定の際の重要なメンバーが司書教諭であり学校司書（学校図書館担当者）なのです。

その点、全国ＳＬＡが制定した「学校図書館憲章」（一九九一年）は、図書館資料の収集・提供の自主性、自立性の確保とかかわり「理念」の部分で注目すべき指摘をしています。「学校図書館は、資料の収集や提供を主体的に行い、児童生徒の学ぶ権利・知る権利を保障する」との指摘です。(35) 資料の収集・提供に対する学校図書館の「主体性」と子どもの「学ぶ権利・知る権利」が対の関係で述べられています。こうした「主体性」の確保を通じて「児童生徒・教職員の多様な要求に応える」（憲章）資料の収集も可能となるのです。

その「主体的」任務を中心的に担うのが、司書教諭であり学校司書です。全国ＳＬＡが、『ゲン』の提供制限措置に関する先の「声明」[36]のなかで、三点の問題を指摘し「憂慮」の感を表明しましたが、その第一が「教育委員会が各学校の選定した図書を各学校の司書教諭・学校司書などの意見を聞くことなく閉架措置を求めたこと」でした。司書教諭や学校司書の役割を軽視するなかでは、学校図書館の「主体性」は確保されません。「声明」は（資料選定の最終的責任は校長にあることを記した後に）、さらに次のように述べています。

資料の選定の際には学校図書館に関する専門的知識・技能を持ち、学校図書館の図書等の利用状況等に詳しい司書教諭・学校司書が専門的見地から意見を述べ、資料選定に関する大きな責任を持っています。

学校図書館の「主体性」（自主性・自立性）は、司書教諭や学校司書の「主体性」（自主性・自立性）と対になっており、その「主体性」（自主性、自立性）は、専門的知識や技能により担保されるのです。

五　学校図書館担当者の条件整備

しかし、学校図書館担当者の力量が十分に発揮されるには、担当者の配置のあり方やその身分保障が重要になってきます。

特に学校司書が、どのような資格・要件を有し、どのような形（雇用形態、職務形態など）で配置されるかは、学校図書館の「自主性・自立性」と深くかかわっています。雇用形態が不安定（臨時雇用、期限付き雇用）な場合や職務形態が他の業務と兼任の場合などは、その専門性（力量）が十分に発揮されません。またこうした場合には、学校内において他の教職員との連携や担当者間の「協働関係」の構築が容易ではありません。また、学校図書館担当者の研修の機会や諸組織がなければ、学校図書館担当者は「孤島」のなかで任務を遂行することになりがちです。そうした場合、学校図書館に対する「圧力」に対して有効な「反撃」の手立てを持ち得ません。

「図書館の自由に関する宣言」は、「図書館の自由が侵されるとき、われわれは団結して、あくまで自由を守る」と規定しています。この規定の趣旨は、図書館の自由の状況は、「一国の民主主義の進展をはかる重要な指標である」ため、図書館の自由が侵されようとするとき、図書館人は「その侵害を排除する行動を起こす」という点にあります（宣言）。この規定の核心は、「図書館の自由」を守るための専門的集団としての組織と連帯の重要性を指摘した点にあります。宣言も、そのための「図書館の民主的な運営と図書館員の連帯の強化」の不可欠性を訴えています。

その趣旨は、学校図書館にも当てはまるものだと思います。担当者が「自主性・自立性」のなかで日常的業務を担えるには、職員集団の組織と連帯が不可欠です。そうした組織と連帯がなければ、個々の職員は「孤立無援」のなかで職務を遂行することになりかねません。その意味において、「学校図書館の自由」は、「人」の問題、「組織」の問題と深くかかわっているのです。

図書館の世界では、図書館間における「ネットワーク」が話題になります。複数の図書館が、資料の収集や提供などの図書館業務を相互依存関係を保ちながら行うことです。資源の「共有」を通して、図書館機能を最大限発揮させようとする考えです。しかし、このネットワークは、「人」の間でも構築されるべきです。特に司書教諭や学校司書が、ネットワークで結ばれれば、「孤島」で仕事をしなくてすむわけです。「他の島と繫がっている」との実感のなかで仕事をすることができるのです。特に学校図書館においては、学校図書館を日々担当している人は「一人」であることが多いのです。「ワンパースン・ライブラリー」です。その「ワンパースン」を「アナザー・パースン」、他の人と結ぶことが必要なのです。

そして、そのネットワークは、学校図書館間だけではなく、学校教育にかかわる様々な組織とのネットワーク（連携、強化）も「学校図書館の自由」に深くかかわっています。学校図書館が「単独」で図書館の自由と向き合うのではなく、学校にかかわる多くの組織、機関への理解を広め、深めることができれば、「学校図書館の自由」を大きな翼で守り、発展させていくことができるのです。その点において、学校図書館担当者は、その翼を生み出す大きな役割をも担っています。図書館をベースに、「館」にのみ留まらないで、図書館の重要性を他の人々に伝えていく、その営みのなかに「学校図書館の自由」の広がりもあると思います。

そうした組織と連帯が一つの線で結ばれ、面へと広がっていく大きな契機のひとつは、研修・研究の機会です。多くの職種において研修は、自己の職務のあり様を振り返り、新たな自分を発見する機会ですが、特に学校図書館担当者の場合は、職場でその任を担っている人が少ないため、他に出向いての研修が必要になってきます。

その点司書教諭の場合は、その多くは、地方自治体が設置した学校の教員（教育公務員）です。その教育公務員については、教育公務員特例法（一九四九年）において、「研修」に関する事項が規定されており、「教育公務員には、研修を受ける機会が与えられなければならない」（第二十二条一項）と規定されています。その「教育公務員」は教員を指しています（同法第二条一項、二項）。しかし、こうした研修の意義は、学校司書にも当てはまるものです。そして、公立学校の学校司書のみならず、国立、私立学校の学校司書にもこうした基本的考えは適用されるべきです。その研修が、学校図書館サービスの質を向上させ、連帯の翼を広げ、「学校図書館の自由」を守り、発展させることにつながるのです。

さらにまた、学校は地域に開かれ、地域の信頼を基礎に成り立っています。それは学校図書館も同様です。それだけに、学校図書館関係者がその専門性を下に、学校内における信頼を得るだけでなく、地域の信頼をも得るなかで、子どもの成長・発達を支援する学校図書館を創っていくことが求められると思います。そうした実践が、「学校図書館の自由」をさらに広げ、深めていくことにつながるのだと思います。

注

（1）「社会的動物」『ブリタニカ国際大百科事典三』小項目主義（ティビーエス・ブリタニカ、一九八八年）四一一頁。
（2）「平成二六年通信利用動向調査の結果」（総務省、報道発表、二〇一五年七月十七日）（http://www.soumu.go.jp/johotsusintokei/statistics/data/150717_1.pdf）（参照二〇一六年三月十日）。
（3）「変わる図書館　利用者の秘密は……」（ＮＨＫニュース　おはよう日本）（http://www.nhk.or.jp/ohayou/marugoto/2014/11/1104.html）（参照二〇一六年三月十日）。
（4）「調査結果の概要」（文部科学省）（http://www.mext.go.jp/b_menu/toukei/chousa02/shakai/kekka/k_detail/icsFiles/afieldfile/2014/04/16/1334547_02.pdf）（参照二〇一六年三月十日）。
（5）日本図書館協会図書館の自由委員会編『「図書館の自由に関する宣言一九七九年改訂」解説』第二版（日本図書館協会、二〇〇四年）一八頁。
（6）高橋恵美子「一九五〇年から二〇〇〇年にかけての公立高校学校司書の図書館実践――教科との連携と「図書館の自由」の視点から――」四〇頁。
（7）前掲『「図書館の自由に関する宣言一九七九年改訂」解説』第二版』六頁。
（8）同書、二一一―二一二頁。
（9）塩見昇「学校図書館と図書館の自由」『学校図書館と図書館の自由』（図書館と自由第五集）（日本図書館協会、一九八三年）八頁。
（10）日本図書館情報学会用語辞典編集委員会編『図書館情報学用語辞典』第四版（丸善、二〇一三年）一八〇頁。

（11）但し、図書館は図書館サービスとして「広報活動」を行っており、図書館報や図書館概要を発行（発信）している。さらに今日では、多くの図書館はホームページを開設しており、そうした場面を通じても図書館としての情報発信を行っている。

（12）「知る自由」と「知る権利」については、多様な見解がある。本章では、その内容については立ち入らず、「知る権利」という用語を用いている。

（13）日本図書館協会用語委員会編『図書館用語集』改訂版（日本図書館協会、一九九六年）二二四頁。

（14）前掲『図書館情報学用語辞典』第四版　一八〇頁。アメリカ図書館協会が「知的自由委員会」を組織したのは、「図書館の権利宣言」（当初は、Library's Bill of Rights）を採択した翌年の一九四〇年である。当初は長い名称であったが、一九四八年に簡略化（「Committee on Intellectual Freedom」）し、慣習的には、語順を変えて「Intellectual Freedom Committee」と呼ばれている（アメリカ図書館協会知的自由部編纂、川崎良孝他訳『図書館の原則――図書館における知的自由マニュアル（第三版）――』（図書館と自由第十二集）（日本図書館協会、一九九一年）一〇頁）。

（15）アメリカ図書館協会知的自由部編纂、川崎良孝他訳『図書館の原則　改訂三版――図書館における知的自由マニュアル（第八版）――』（日本図書館協会、二〇一〇年）序文。

（16）同書、序文。修正第一条と知的自由について、次のような指摘がある。「アメリカ公立図書館の思想的な土台は修正第一条が規定する表現の自由、およびそれと表裏一体の関係にある知識や情報を受け取る権利を保障することにある。そして、そうした自由と権利を各図書館の目的に照らして保障する取り組みの総体が図書館における知的自由といえよう」（川崎良孝他『図書館と知的自由：管轄領域、方針、事件、歴史』（京都図書館情報学研究会、二〇一一年）ⅷ頁）。

(17) 大日本帝国憲法には、「天皇ハ神聖ニシテ侵スヘカラス」(第三条)、「天皇ハ国ノ元首ニシテ統治権ヲ総攬シ(略)」(第四条)と規定されていた。
(18) 堀尾輝久「現代における教育と法」(加藤一郎編『現代法と市民』(岩波講座現代法八)(岩波書店、一九六六年))一七〇頁。
(19) 同書、二〇二頁。
(20) 『判例時報』第六〇四号(判例時報社、一九七〇年)二九頁。
(21) 『判例時報』第八一四号(判例時報社、一九七六年)三三頁。
(22) 学習権宣言は、国際教育法研究会編『教育条約集』(三省堂、一九八七年、一八九一一九〇頁)による。
(23) 「教育を受ける権利は、その性質上、子どもに対して保障される。その権利の内容は、子どもの学習権を保障したものと解されている」(芦部信喜『憲法』第六版(岩波書店、二〇一五年)、二七三頁)。子どもの学習権は「子どもが学習を通じて成長し、自分の可能性を開花させ、人格を全面的に発達させる権利を意味する」(渋谷秀樹、赤坂正浩『憲法』一人権　第三版(有斐閣、二〇〇七年)、六六頁)。
(24) 大島佳代子「教育を受ける権利」(『憲法の争点』(ジュリスト増刊　新・法律学の争点シリーズ三)(有斐閣、二〇〇八年))一七六―一七七頁。
(25) 樋口陽一他著『注釈日本国憲法　上巻』(青林書院新社、一九八四年)五九九頁。
(26) 芦部信喜『憲法』第六版(岩波書店、二〇一五年)八五頁。
(27) オリヴィエ・ルブール著、石堂常世他訳『学ぶとは何か――学校教育の哲学――』(勁草書房、一九八四年)一―三頁。
(28) もっとも図書館も「教育を受ける権利」(日本国憲法第二十六条)規定と深くかかわっている。公立図書館の根拠法である図書館法（一九五〇年）は、社会教育法（一九四九年）の精神に基づき制定されており、その社会教育法は「図書館及び博物館は、社会教育のための機関とする」（第九条一項）と規定している。さらに、その社会教育法は「教育基本法の精神に則り」（第一条）制定され、その教育基本法（一九四七年、二〇〇六年改正）は「日本国憲法の精神に則り」（前文）制定されている。それゆえ、「法的」に公立図書館の根拠を求めると、「教育を受ける権利」にたどり着く。すなわち、「ひとしく教育を受ける権利」を保障するための制度的保障装置として「図書館」が設置されていると考えることができる。しかし、このことは、図書館が「教育」という目的のためのみに存在していることを意味するわけではない。図書館法第二条、第三条に規定する図書館の目的や機能は多様である。この図書館機能の多様性を反映して、図書館を利用する国民の権利は、学習権、知る権利、参政権、余暇享受権にかかわりを有していると考えることができる（森耕一編著『図書館法を読む』日本図書館協会、一九九〇年、四―五頁）。その意味において、宣言に規定された図書館が「国民の知る自由を保障する」との「知る自由」の対象には、教育目的はもちろん、図書館法に規定する多様な目的や機能が包含されていると考えることができる。その意味において、図書館の自由という概念を「知る権利」にとどまらず、他の人権と関連して考察することも十分に考慮に値すると思う。

(29)『ゲン』の提供制限措置の是非を判断した松江市教育委員会会議録（二〇一三年八月二十二日）より。当該会議での教育総務課長（当時）の発言。

(30) 東京都練馬区教育委員会「平成二五年度第二三回教育委員会定例会会議録」(http://www.city.nerima.tokyo.jp/kusei/gakko/kyoikuiinkai/nitei_h25/ugoki/ugoki2512.files/251202.pdf)（参照二〇一六年三月十日）。

(31) 大田尭「教育評価と子どもの学習権」『季刊教育法』第一二号（総合労働研究所、一九七四年）一二頁。

(32) 宣言は、『図書館雑誌』第九一六号（日本図書館協会、二〇〇〇年、一七〇―一七一頁）に、長倉美恵子・

堀川照代共訳で掲載されている。

(33) ヘンリー・ライヒマン著、川崎佳代子、川崎良孝訳『学校図書館の検閲と選択』第三版（京都大学図書館情報学研究会、二〇〇二年）九一頁。

(34) 文部省『学校図書館の手引』（師範学校教科書、一九四八年）一一頁。

(35) 「学校図書館憲章」は、全国学校図書館協議会のホームページに掲載されている。

(36) 全国学校図書館協議会「『はだしのゲン』の利用制限等に対する声明」（http://www.j-sla.or.jp/pdfs/seimei-hadashinogen.pdf）（参照二〇一六年三月十日）。

【著者略歴】
渡邊重夫（わたなべ・しげお）

北海道学芸大学（現北海道教育大学）札幌校卒業。
藤女子大学教授を経て、現在は北海道教育大学学校・地域教育研究センター共同研究員、北海学園大学などで非常勤講師。日本図書館情報学会会員、日本図書館研究会会員。

著書（いずれも単著）
『図書館の自由と知る権利』（青弓社、1989年）
『子どもの権利と学校図書館』（青弓社、1993年）
『図書館の自由を考える』（青弓社、1996年）
『司書教諭という仕事』（青弓社、1999年）
『学校図書館概論』（図書館情報学の基礎14）（勉誠出版、2002年）
『司書教諭のための学校経営と学校図書館』（学文社、2003年）
『学習指導と学校図書館』第3版（メディア専門職養成シリーズ3）（学文社、2013年）
『学校図書館の力――司書教諭のための11章――』（勉誠出版、2013年）
『学校図書館の対話力――子ども・本・自由――』（青弓社、2014年）
『学校経営と学校図書館』（青弓社、2015年）

学《まな》びと育《そだ》ちを支《ささ》える学校図書館《がっこうとしょかん》

2016年8月6日　初版発行

著　者　渡邊重夫
発行者　池嶋洋次
発行所　勉誠出版株式会社
〒101-0051　東京都千代田区神田神保町3-10-2
TEL：(03)5215-9021(代)　FAX：(03)5215-9025
〈出版詳細情報〉http://bensei.jp/

印刷　太平印刷社
製本　若林製本工場
装丁　志岐デザイン事務所（萩原　睦）
組版　トム・プライズ
© Shigeo Watanabe 2016, Printed in Japan
ISBN 978-4-585-20053-6 C1000

乱丁・落丁本はお取り替えいたします。定価はカバーに表示してあります。

学校図書館の力
司書教諭のための11章

学校が抱えている今日的課題と、その課題を解決し得る有力な教育環境としての学校図書館の可能性とを関連させつつ、教育の現場で役立つ内容を提供する。

渡邊重夫 著・本体二四〇〇円（＋税）

日本占領期の学校図書館
アメリカ学校図書館導入の歴史

アメリカ型モデルの導入を経て、独自に展開してきた日本の学校図書館の歴史を見通しながら、学校教育と図書館がどう連携できるのか、その課題と未来像を問う。

今井福司 著・本体五〇〇〇円（＋税）

現代日本の図書館構想
戦後改革とその展開

日本の図書館はいかに構築され、なにが実現され、なにが課題として残されているのか。戦後占領期から、八十年代までを中心に、戦後図書館史のエポックを検討する。

今まど子・高山正也 編著・本体二八〇〇円（＋税）

わかる！図書館情報学シリーズ2
情報の評価とコレクション形成

人々や図書館は、情報をどのように選択し、「コレクション」をどのように構築しているのか……。理論から実践・実例までを備えた、基礎的テキストの決定版。

日本図書館情報学会研究委員会 編・本体一八〇〇円（＋税）

アーカイブズと文書管理　米国型記録管理システムの形成と日本

一九三四年に設立された世界最大級のアーカイブズ施設「米国国立公文書館」。その大規模システム開発の歴史を辿り、米国型の記録管理システムの形成過程を分析。

坂口貴弘 著・本体六〇〇〇円（＋税）

シビックスペース・サイバースペース　情報化社会を活性化するアメリカ公共図書館

アメリカの科学技術分野の進展を支える図書館の歴史と発展動向を実証的に検討。二十一世紀の図書館が果たすべき使命と役割について、多くの示唆を与える。

Molz, Redmond Kathleen・Dain, Phyllis 共著／山本順一 訳
本体四二〇〇円（＋税）

参考書誌研究　第77号

国立国会図書館憲政資料室所蔵「日本占領関係資料」について、収集経緯や来歴などをあとづけながら、資料をめぐる歴史的特性を明らかにする。

国立国会図書利用者サービス部 編・本体二六〇〇円（＋税）

図説　よりすぐり国立国会図書館　竹取物語から坂本龍馬直筆まで

日本最大の図書館が所蔵する約四〇〇〇万点の蔵書から、一一五の名品を精選。仏教典籍、絵巻・絵本から憲法草案まで、名品の数々を味わい、日本文化の歴史を辿る。

国立国会図書館 編・本体二八〇〇円（＋税）

地域と人びとをささえる資料
古文書からプランクトンまで

文献、写真、伝承、地名、自然史資料など多種多様な地域資料の保存・保全、活用の現場での経験から、地域と人びと、資料と社会との関係の未来像を探る。

神奈川地域資料保全ネットワーク 編・本体三五〇〇円（＋税）

図書館員をめざす人へ

図書館員がどのような仕事をするか知っていますか？基礎知識から実践まで、図書館員になるためのガイドブック＆インタビュー集の決定版！

後藤敏行 著・本体二〇〇〇円（＋税）

知って得する 図書館の楽しみかた

図書館の多様な使い方を実は多くの人が知らない。誰もが図書館を自由自在に楽しみつくすために、知っているようで知らない図書館の使い方を紹介するガイドブック。

吉井潤 著・本体一八〇〇円（＋税）

ささえあう図書館
「社会装置」としての新たなモデルと役割

図書館と利用者が互いに「ささえあう」ことで、双方向的に図書館の在り方を模索・構築している事例を紹介、新しい図書館像・モデルを提供する。

青柳英治 編著／岡本真 監修・本体一八〇〇円（＋税）